U0890037

晚清首富
胡雪岩

布衣◇著

内蒙古出版集团 远方出版社

图书在版编目(CIP)数据

晚清首富胡雪岩 / 布衣著. – 呼和浩特 : 远方出版社, 2015.11
ISBN 978-7-5555-0560-0

Ⅰ. ①晚… Ⅱ. ①布… Ⅲ. ①胡雪岩（1823 ~ 1885）—传记 Ⅳ. ①K825.3
中国版本图书馆CIP数据核字(2015)第285799号

晚清首富胡雪岩

作　　者	布　衣
责任编辑	孟繁龙
装帧设计	白　冰
出版发行	内蒙古出版集团　远方出版社
社　　址	呼和浩特市乌兰察布东路666号　邮编 010010
电　　话	（0471）2236471总编室　2236460发行部
经　　销	新华书店
印　　刷	北京毅峰迅捷印刷有限公司　邮编100000
开　　本	710mm × 1000mm　1/16
字　　数	194千
印　　张	16.25
版　　次	2015年11月第1版
印　　次	2016年2月第1次印刷
印　　数	1—5 000册
标准书号	ISBN 978-7-5555-0560-0
定　　价	36.80元

如发现印装质量问题，请与出版社联系调换

序 言

生命，对于不同的人来说有着不同的意义，每一个生命都可以创造奇迹，胡雪岩就是一个奇迹的见证，他的一生充满了传奇色彩，创造了一个个伟大的奇迹。

胡雪岩，中国最知名的“红顶商人”，幼时因为家境贫苦而中途退学。为了维持生计，他被亲戚推荐给了一个钱庄当学徒工。在那里，他先是从杂役干起，比如扫地、倒尿壶。因为他在钱庄踏实苦干，三年后成了正式的伙计，后来在王有龄、左宗棠等人的帮助下，一跃成为中国第一富商，并在中国的商业史上写下了灿烂辉煌的一笔。

也许很多人都认为无奸不商，经商之人都是一些奸诈狡猾、吝啬小气之人。但是商场中也有一些仗义之人，胡雪岩就算得上是其中的一个。他乐善好施，多行义举，被人们尊称为“胡大善人”。在他众多的义举之中，胡庆馀堂的开设与创办是最为后人所赞扬的。与此同时，大量的财富也朝他滚滚而来。

在1880年的时候，胡庆馀堂的资本就将近二百八十万两银子，在当时能够与北京的百年老字号同仁堂相媲美，于是就有了“北有同仁堂，南有庆馀堂”这一说法。而胡庆馀堂的创办人胡雪岩虽然是一个钱庄伙计出身，对药业毫不熟悉，但因为其勤学好问、敢于探索，最终在中国的药业史上写下了不朽的篇章！

胡雪岩除了创办胡庆馀堂济世于民、行善乐施之外，还在左宗棠准备西征的时候为其举借洋款，因而在左宗棠成功收复新疆一战中立下了汗马功劳，使新疆终于摆脱阿古柏十多年的野蛮残酷统治，这又为他的人生增添了光彩夺目的一笔。

关于胡雪岩的一生，他的是非功过，人们的评价褒贬不一，然而他的人生哲学却一直让后人津津乐道。胡雪岩之所以能够成功，其中有一条很重要的原因就是他懂得如何用人，以他人之长来补己之短。他说会用人、用好人是一个人最大的本事。正是因为拥有了这个本事，他才一步一步走向成功。

他的成功之路向我们揭示了商业与政治的关系，也表现了在近代中国社会中中国商人与外国商人相较量的大智大勇。胡雪岩传奇般的一生不仅让我们领略到了他的商业智慧以及独具一格的经商之道，还让我们懂得了在当今竞争如此激烈的社会中该如何去为人处世，如何去闯出一片属于自己的天地来。而其最后以悲剧结束的人生，又给我们留下了无限的深思与遐想。

胡雪岩生平简介

胡雪岩，名光墉（1823～1885），幼名顺官，字雪岩，安徽绩溪人。幼时父亲去世，家境贫寒，为了维持生计，便去帮人放牛，后来，经人推荐，在杭州的一个钱庄里当学徒，由于机灵勤奋，深受老板的赏识，成为钱庄老板的一名得力助手。

据史书记载："咸丰十年（1860），因肆主无后，临终前，以钱庄赠之，乃自开阜康钱庄，并与官场中人往来，成为杭城一大商绅。咸丰十一年（1861）十一月，太平军攻杭州，胡雪岩从上海、宁波购运军火、粮米接济清军。左宗棠任浙江巡抚，委胡雪岩为总管，主持全省钱粮、军饷，因此阜康钱庄获利颇丰。"

胡雪岩还协助左宗棠开办企业，主持上海采运局，兼管福建船政局，经手购买外商机器、军火及邀聘外国技术人员，从中获得大量回佣。他还操纵江浙商业，专营丝、茶出口，操纵市场、垄断金融。

至同治十一年（1872），阜康钱庄支店达二十多处，布及大江南北。资金两千余万两，田地万亩。由于辅助左宗棠有功，曾授江西候补道，赐穿黄马褂，是一个典型的官商。

同治十三年（1874），筹设胡庆馀堂雪记国药号，光绪二年（1876）于杭州涌金门外购地十余亩建成胶厂。胡庆馀堂雪记药号，以一个熟药局为基础，重金聘请浙江名医，收集古方，总结经验，选配出丸散膏丹及胶露油酒的验方四百余个，精制成药，便于携带和服用。其时，战争频仍，疫疠流行，“胡氏辟瘟丹”“诸葛行军散”“八宝红灵丹”等药品备受欢迎。

此后，胡雪岩亲书“戒欺”字匾，教诫职工“药业关系性命，尤为万不可欺”“采办务真，修制务精”。其所用药材，直接向产地选购，并自设养鹿园。胡庆馀堂成为国内规模较大的全面配制中成药的国药号，饮誉中外，对中国医药事业的发展起了巨大的推动作用。

光绪八年（1882），胡雪岩在上海开办蚕丝厂，耗银两千万两，高价尽收国内新丝数百万担，企图垄断丝业贸易，惹怒外商，联合拒购华丝。又因海关海运操于外人之手，不能直接外运，次年夏，被迫贱卖，亏耗一千万两，家资去半，周转不灵，风声四播。各地官僚竟提存款，群起敲诈勒索。十一月，各地商号倒闭，家产变卖，胡庆馀堂易主，宣告破产。接着，清廷下令革职查抄，严追治罪。胡雪岩遣散姬妾仆从，于光绪十一年（1885）十一月郁郁而终。

目　录

第一章

白手起家，从店伙计到浙江首富

第一节　父亲离世的不幸童年

在徽州绩溪县内有一个湖里村，村里住着姓胡的族人，胡家以前是一个名门望族，族中有很多人都曾经做过官。然而，到了清朝乾隆年间，胡家祖上那些做官的人逐渐受到排斥，都被赶出了朝廷。胡家从此便开始衰落下来，当年的风光也都烟消云散了。

道光三年（1823），在一个名叫胡鹿泉的人的家中，他的第三个孩子诞生了。依照辈分，他将这个新生儿取名为胡光墉，字雪岩。胡鹿泉也曾读过几年的书，但他体弱多病。为了给他治病，祖上留下来的家产都快被用完了，然而，他还是离开了人世，那时胡雪岩才七岁。

胡雪岩的母亲张氏（胡鹿泉的偏房）自从嫁到胡家之后，大妻就将她视为眼中钉肉中刺，丈夫去世了，大妻便将一腔的怒火都泼洒在她身上，说她克夫，是她害死了自己的丈夫，对她不是辱骂就是殴打。然而，最让她不能忍受的就是胡雪岩经常会受到大妻所生的一子一女的欺负。

有一天，大妻吩咐张氏把衣服拿到绩溪边去洗。当时正值冬月，张氏害怕天太冷会把胡雪岩冻坏，就将他一人留在了自己的房中。不曾想到，洗完衣服回来的时候，胡雪岩已经不在房中了。她在院子里四处寻找，最终也没有见到胡雪岩的人影。心急如焚的张氏跑去问大妻，大妻却推说不知道，于是，张氏便急忙跑到外面去寻找。

张氏大声呼喊着胡雪岩的名字，从村前找到村后，直至半夜也没有找到。第二天的中午，张氏昏死在绩山上，被一个好心人看见了，将她背回家中。然而，大妻对她却是不闻不问。一位名叫魏知孝的乡贤因此被惹怒了，便与几位乡邻一起去找胡家的族长理论。

由于众乡邻的情面不好违背，族长只好找到胡家的大妻，逼她立刻说出胡雪岩的下落。面对众人，大妻非常恐惧，说胡雪岩可能被自己的儿子和女儿带到城里去玩了，具体的她也不知道，因为她的儿子和女儿到现在也没回来。于是，众人逼着大妻立刻进城去寻找，如果找不到，就将她送给官府查办。大妻十分害怕，诺诺连声，在两个乡邻的陪同下，进城去寻找胡雪岩以及自己的儿子和女儿。

原来，大妻指点自己的儿女趁张氏不在家的时候，把胡雪岩骗到城里那个不务正业的舅舅家中，然后让舅舅找人贩子将胡雪岩卖得远远的，最后再逼张氏改嫁，这样他们就可以将全部家产独吞了。

然而，聪明的胡雪岩在半路上趁着哥哥姐姐休息打盹儿之际，悄悄地将拴在腰间的绳子解开，溜进山里跑了。

由于胡雪岩年纪尚小，而且又是第一次独自一人在山里穿梭，不一会儿就有点懵了，只顾着朝前行走。夜幕降临，胡雪岩害怕极了，便一个劲地往山上爬，爬着爬着，不小心将一块石头蹬掉了，他也顺着石头从山上滚了下来。就在这万分危急的时刻，他被一只有力的大手托住了。

胡雪岩眼睛睁开一看，面前站着一位白胡子老道。胡雪岩曾经跟随母亲一起去过道观为父亲讨药，所以看到面前这位出手相救的人便知道是位道长，于是学着母亲的样子，双腿跪在地上说：“多谢道长的救命之恩！”

老道长不可思议地眨了眨眼睛，心里暗自想到：“真是一个懂礼貌的好孩子，年纪这么小就居然知道称我为道长。”便问道：“你是谁家的孩子呀，家住在哪里，为何一个人进山？”于是，胡雪岩就将母亲在溪边洗衣服，同父异母的哥哥姐姐欺负他，把他从家里骗出来捆住他，在半路上他偷偷逃跑的事告诉了老道长，还对道长说自己家住在绩溪县的湖里村，母亲看不见他一定很着急。由于天色已晚，老道便对胡雪岩说：“你看已经这么晚了，山路也不好走，不妨先在我的道观里住一宿，明天我再将你送回家。”

老道长带着小胡雪岩回到了自己的三清观，吃过晚饭后，二人便都在灯下坐着，这时老道长才仔细地打量了小胡雪岩一番，他见这孩子的眉宇间透露着灵气，不禁感到非常惊奇，于是便问道：“小娃娃，你知道你自己的生辰八字吗？”

老道长想，这么小的一个孩子也许心里就记着吃喝玩乐，这些不一定会记得，谁知胡雪岩开口说：“我母亲曾跟我说过，我是在丙辰年丙寅月丙卯日丙午时出生的。”

老道长非常满意地点了点头，然后掐指一算，惊讶地瞪大了双眼，又将胡雪岩仔仔细细地看了一遍，说道：“怪不得小官人能够逢凶化吉，遇难呈祥。你是个大富大贵之命呀，将来必定会有一番大作为，会功成名就的。”说完之后，竟然朝着胡雪岩深深地作了一揖。

天渐渐地黑了下来，哥哥和姐姐由于没有看好胡雪岩，让他逃跑了，不敢回家，便将就着在路旁找了一间小旅馆住了一夜。

第二天，胡雪岩被老道长亲自送回了湖里村。看见胡雪岩平安归来，又得知由于老道长出手相救，胡雪岩才保住性命，张氏感激涕零，不知该如何是好。老道长说胡雪岩是大富大贵之命，将来一定会有后福的。张氏让道长留下来和他们一起用餐，吃过饭后，千恩万谢地将他送出了村外。

傍晚时分，大妻携带着自己的儿子和女儿回来了，只说原本是打算带胡雪岩到城里去玩玩的，并没有什么恶意，谁知在进城的路上胡雪岩却不慎走失了。此事就这样不了了之了。

在胡家，张氏本来就没有什么人可以亲近的，现在又发生了这样的事，心里越想越害怕，于是就带着胡雪岩回娘家去了。

有一句俗话是这样说的："嫁出去的女儿，泼出去的水。"张氏回到娘家大概有一年多了，由于不想被邻居们说来说去，就每天待在家里，做一些力所能及的活。可是时间一久，家里的几个兄嫂弟妇就渐渐地看着不顺眼了，说她就是跑回来吃闲饭的，一天到晚什么活也不干。而且胡家的族长也派人来过几次，说胡雪岩无论如何都是胡家的孩子，回到胡家才是最好的。

张氏的父母虽然心疼自己的女儿，但一时半会也没有什么好办法，为了能让家中恢复往日的安宁，张氏的父母经过一番商量后便一同来劝慰自己的女儿。为了不让父母为难，张氏心中虽然十分不情愿，但还是听从父母的话，将行李收拾好之后，就回胡家去了。

张氏回到胡家之后，在乡邻魏知孝的帮助下，由族长出面给胡家分了家，然而，张氏只分到了一所旧宅和几亩薄田。对于这些，张氏并不计较，她一心想着只要能够离开大妻，不管有多苦、有多累，她都愿意。

第二节　母亲尽心尽力地教养

张氏带着儿子胡雪岩在荒废已久的旧宅里住了下来。每天天一黑，疲惫不堪的母子俩就简单地弄些稀饭、菜汤，吃完之后就上床睡觉了。

有一天张氏由于心里想着事情，难以入睡，但又害怕惊扰了儿子睡觉，于是便来到院中踱步，突然间从房中传来窸窸窣窣的响声，好像有人在哭，张氏心中猛然一惊，急忙走回房中，待她定下神仔细一听，发现是自己的儿子胡雪岩在那哭泣。

这时张氏才恍然明白，原来睡不着的不只是自己，还有胡雪岩。于是眼泪在她的眼眶里直打转转，她强忍着泪轻轻地抚摸着儿子的额头说："孩子，你这是怎么了，能告诉母亲吗？"

胡雪岩停止了哭泣，睁开双眼说："孩儿看着娘整天忧心忡忡的，然而却无法替娘分担，心中不断地想着这事，就睡不着了。等我长大以后，一定要像老祖宗一样当个大官，让你一辈子有享不尽的荣华富贵，吃不厌的山珍海味，穿不完的绫罗绸缎，其乐融融，颐享天年，我还要奏请皇上给你一个夫人的封号！"张氏听到儿子这样说，心里不禁十分欢喜，说："孩子呀，大丈夫一言九鼎，你可要牢牢记住你今天说的话，刻苦努力，即使娘没能等到你飞黄腾达之日，但也能含笑九泉，一生无憾了。"胡雪岩说："请娘放心，孩儿定会加倍努力，决不会辜负娘的一片苦心。"

从这之后，张氏便开始耐心细致地教导胡雪岩。张氏在分家的时候虽然也分得几亩薄田，但是自己却没有能力耕种，于是便租给别人，每年收些田租勉强度日，她的父母见此情况，十分心疼，便时不时地拿些钱粮来周济自己的女儿。魏知孝等乡邻看着他们母子俩生活艰难，挺可怜的，每到年关的时候，也都会送些柴米过来。

张氏的父亲曾经中过秀才，所以在张氏小的时候父亲就经常教她读书识字。如今，张氏便在家给胡雪岩当起了老师，教他学习《百家姓》《千字文》以及《三字经》等蒙学书籍。胡雪岩虽然早已明白世事，但终究还只是个孩子，爱贪玩，刚开始的时候还能安安静静地坐在那学习，可是时间一久，便坐不住了，虽然嘴里念念有词，但心早已飞到九霄云外去了。

看到这种情况，张氏是又气又急。在忍无可忍的时候，张氏就会找出一根树棍，将胡雪岩狠打一顿。过了一些时日，张氏自知已经无法再继续教胡雪岩了，于是，她一狠心，卖掉了几亩薄田，将五十两银子的学费凑足之后，就送胡雪岩去了老秀才刘成文开设的万圣书院读书。

说起刘成文老先生，是一位饱读诗书之人，在二十岁左右的时候就中了秀才，然而，从那之后再也没有什么进展了，但是由于他所教的学生常常会有很多人得中，所以学费也就渐渐收得高了，每个人需要交足五十两银子才可以就读。

胡雪岩在万圣书院读书的时候表现得相当突出。有一天，在书院的后花园中，胡雪岩被树上的一只鸟吸引住了，目不转睛地看着它，刘老先生看到了这一幕，便问："雪岩，庄子曾经说过'鹏之徙于南冥也，水击三千里，抟扶摇而上者九万里，去以六月息者也。'此鸟在此屈居不知是为何，难道是失去了高飞之志？”胡雪岩说：“此鸟并不是失去了高飞之志，只不过是辗转飞却几万里，想借此树暂时歇息罢了。”

刘老先生说：“你并不是大鹏，怎么知道呢？”

胡雪岩回答：“先生也并不是我，又怎么知道我不知大鹏之志呢？”

就在这时，树上的鸟突然仰天长鸣了起来，然后振动着双翅，飞入云霄之中。

从那以后，刘老先生虽然认为胡雪岩十分聪明，但是心中却并不怎么高兴，因为他总觉得胡雪岩好像并不把他这个大名鼎鼎的教书先生放在眼里。其实并不是这样的，胡雪岩怎么敢瞧不起自己的先生呢，只不过是觉得先生不但有点迂腐，还太过贪财了。因为在湖里村，胡雪岩的好朋友胡春生本来也想到万圣书院来读书的，但是无奈家里穷，父母七拼八凑却只凑了四十八两银子，将春生送过来，并且还不停地跟刘先生说，等到秋收的时候一定会把所欠的二两银子给补上来，可是刘老先生以“不能坏了书院的规矩”为由硬是拒绝了，说什么让他们凑够了钱再来，春生就这样被拒在大门外。春生的父亲偏偏脾气又非常倔，最后只花了十两银子送春生去了别家私塾馆。

爱玩是每个孩子的天性，胡雪岩也不例外。他成天和小伙伴们一起捉虫、斗鸡、粘知了，乐此不彼。胡雪岩对《四书》《五经》一点也不感兴趣，但是却非常喜欢看关于算学的书，《算经》《九章算术》之类的书他爱不释手。并且他的口算能力也非常好，当铺里惯用算盘的伙计还没算出来，他就已经算出来了。当别人秋收来交租时，张氏还没有拨完算盘，胡雪岩就已报起谷数来了。

别的孩子都认为胡雪岩是一个特别奇怪的人，因为每天放学以后，别的小孩就会一起去河里摸鱼、捉虾，而他却总是喜欢一个人拿着树枝在地上写写画画，没有人知道他究竟在算些什么。于是，那些孩子就把胡雪岩叫作“胡算盘”。

刘老先生认为胡雪岩喜好算学是不务正业，心中十分反感。胡雪岩对刘老先生也有一点不满，便对自己的学友们说：“孔老先生收学生的时候，只收一条干肉作为学费；可是现在刘老先生收学生，居然要收取五十两银子作为学费，你们说这算什么圣人啊？”

这话传到了刘老先生的耳中，刘老先生非常生气，假称身体有恙，连续好几天都没有来上课。大部分学生都知道是胡雪岩不尊敬老先生，出言不逊惹怒了他，他才会拒绝来授课的，于是，都对胡雪岩充满了责备。刘老先生还明确表示：如果胡雪岩不登门来道歉，他就绝不会去授课。还说让胡雪岩另找高明，他教不了这样的学生。胡雪岩是无法再待在书院了，只好将行李收拾收拾回家了。

胡雪岩回到家中之后，母亲虽然有抱怨责备的意思，但是并没有说什么。胡雪岩有好几次听到母亲在夜里偷偷哭泣的声音，便十分后悔自己当初对老师不敬，口无遮拦，如果能够及时向刘老先生赔礼道歉，也许自己就不用离开万圣书院了！但是刘老先生说得也对，自己确实对那些古书不感兴趣，志向也不在那上面。如今被赶了出来，也未必就是一件坏事，不过就是又要让母亲受苦了，一时半会她恐怕是难以释怀的。

转眼间几天过去了，胡雪岩都是一直待在家里，从不出门，张氏见此情况，便有些忍耐不住了，对胡雪岩说：“孩子呀，在你很小的时候，父亲就已离世，我辛辛苦苦把你养大，并不是希望你将来能有多少荣华富贵，只是希望你能做一个有志气、有出息的人，现在你因为得罪先生而被赶了出来，邻居、族人们笑话你，但是娘看在你年少无知的份上，就暂且原谅你，为了能让你远离邻居、族人们的嘲笑和责备，多学点东西，娘打算再重新给你找个书院，换个教书先生，你觉得如何？”说完又伤心地哭了起来。

胡雪岩此时心中一紧，头上不由得冒起了冷汗，急忙给母亲跪下说：“是孩儿不好，望母亲不要生气，孩儿一定遵照母亲的意思去做，绝不再辜负母亲的良苦用心。”

第三节　被亲戚举荐到钱庄当伙计

在胡雪岩十二岁的时候，张氏再也拿不出钱来继续供他读书了。于是胡雪岩便辍学回家，他先是在绩溪边给人家放牛，这一放就是半年。那时，一群放牛的小孩子们经常会聚集在绩溪边，他们把牛赶到溪边吃草、喝水，然后就在一起嬉闹玩耍，唯独胡雪岩依然和以前一样，拿着根树棍在溪边写写算算，精神十分集中。渐渐地，小伙伴们也都疏远了他。

一天傍晚，胡家的族长从外面回来，在经过绩溪边的时候，看到别的孩子都在那玩闹，嬉戏成一片，唯独胡雪岩在不远处弯着腰用树棍在地上写着、画着什么。族长非常好奇，走近一看，胡雪岩在地上列了好多算式，旁边还放着一本书。族长拿起书，打开封面一看是一本《算经》。族长十分惊讶地问胡雪岩说："你为什么不和小伙伴们一块玩呀？"胡雪岩答道："和他们玩没意思，还不如我的算学有趣呢。"族长欣慰地看着胡雪岩说："看来胡家又有出头之日了。"回到村里之后，族长就匆匆来到胡雪岩的家中，与张氏商议，让胡雪岩去杭州的信和钱庄当学徒，就这样胡雪岩来到了杭州信和钱庄。

杭州信和钱庄的老板是胡家族长的一个远房亲戚，姓张，名恭元，人称"张胖子"。在族长的介绍下，胡雪岩在这里当起了学徒。他明白族长的良苦用心，也明白母亲的热切盼望，所以一到店里就什么活都抢着干，每天起来很早，为师傅、师兄们打洗脸水、倒尿壶、买早点，吃过饭后就早早来到店里打扫店里的卫生。每到过年过节的时候，他还会给老板娘送些小礼物。钱庄里几乎每个人都知道胡雪岩的人品好，都愿意和他交朋友，也都乐于将一些关于钱庄的业务知识教给他。

师满后，老板就立刻派他去处理钱庄里的各种业务，这大大增强了胡雪岩的社交能力，不久他就成了老板的得力助手。自从胡雪岩站柜台后，钱庄的伙计们发现许多通常不进钱庄的少女们也来办理汇兑业务，这其中的奥妙不用说，大家也都明白。

老板看到胡雪岩做事如此细致认真，心里不由得暗暗赞赏，经过一番思虑后，找来了钱庄里地位仅次于他的伙伴阿祥。阿祥是所有店员中权力最大、说话最有分量的，如果遇着什么情况，老板总会先找他商量之后再作决定。

在晚上的时候，老板特意把阿祥留下，让他在家里吃饭，饭后，老板才开口说起正事："阿祥，你觉得小胡这个人怎么样？"阿祥看看老板，不知他有何意图，便以问当答："不知你指的是哪方面？"老板对阿祥说："我当然是指他的人品以及做事能力呀。"此时，阿祥清楚了老板的真实意图，笑了笑说："小胡这小伙子也站了两年多的柜台，一步步成熟。这些年，我觉得他很不错，孝敬母亲，定期将工资寄往家中。在店里对我们每一个人都很尊敬，对待客户也礼数周到。"

阿祥离开后，老板躺在床上，难以入睡，此时，他已经暗暗下定决心要给胡雪岩升职。

第二天一大早，胡雪岩刚到店里来，老板就让阿祥把他叫到内室。胡雪岩不明怎么回事，但又不敢多问，于是就匆匆跟着阿祥来到老板的内室。进到内室，胡雪岩恭恭敬敬地请完安之后，便立即问道："老板，不知您找我有什么事？"老板和善地看着他说："来，这边坐。让阿祥好好地告诉你我们的决定。"于是，阿祥笑着说道："老板决定让你做'身份掌柜的'。"胡雪岩听到之后，内心激动不已。

第四节　钱庄里的“讨债鬼”

胡雪岩自从升为“身份掌柜的”之后，主要管理钱庄的收账业务，然而“身份掌柜的”，顾名思义，就是只有一个名义上的身份而已，没有实际股份的分红。但是由于他这样的身份可以直接管理钱庄的账务，所以一般也会捞到不少油水。

一天，打烊之后，老板将店中的一本旧账交给了胡雪岩，让他查看一下该收的账目。胡雪岩吃过晚饭就认真地查看起了账目，他从中查出了一笔数目十分可观的陈账，借贷人是知府衙门的一位名叫柳春风的师爷，借贷数目是五百两，早就已经过了归还的期限。

第二天，胡雪岩一大早就来到了店铺，向老板问道：“昨晚我查看账目，发现一个名叫柳春风的客户，向我们钱庄借了五百两的银钱，早就已经到期，为什么到现在都还没有收账呢？”老板无奈地摇了摇头说：“唉！别提了，你也许还不知道柳春风是什么人吧？”胡雪岩说：“我看见那个人的名字下面写有一行小字，好像是知府衙门的一个师爷？”张老板说：“是我写的那行小字，这个柳师爷是在三年前从钱庄里借的五百两银子，那时由于钱庄不小心弄丢了他的原始票据，柳师爷就想故意赖账不还。前几天，柳师爷因为解决了一桩疑难的案子，受到了朝廷的嘉奖，将他提拔为归安县的知县，现在已经去上任了，我早就把这当成是一笔死账了，你还是去看看别家的账目吧，别在这个上面费心了。”

老板正准备离开时，胡雪岩开口说道：“柳春风现在虽然飞黄腾达了，但也正有利于我们讨债，老板，我想试一下，看是不是能要回来。”胡雪岩的声音不是很大，却透着一股倔劲儿。老板马上转过身，不可思议地看着胡雪岩：“雪岩，我说句心里话，你我都很清楚这事有多难，我很佩服你的勇气。如果这钱能够要回来，你我二八分账；如果要不回来，就凭你这股倔劲，这个月的薪金我也照样会给你添加，我说话算话。你觉得怎么样？”

胡雪岩笑了笑说：“雪岩的职责就是讨账要钱，自然会竭尽全力。”

一整天，雪岩除了忙钱庄的事，还在不停地思谋着怎样向这个柳春风讨要旧账。黄昏时分，还真想出了一个好计策。

胡雪岩在钱庄打烊之后，就立即去找到自己的旧相识霍飞虎。这霍飞虎人称“滚地龙”，不仅是林南镖局的镖手，还是杭州城有名的黑帮小老大，手下网罗了一帮弟兄。

胡雪岩来到林南镖局，见到了霍飞虎，也没多说什么寒暄的话，飞虎知道，雪岩一定是有事需要他帮忙。听完雪岩讲述柳知县欠账不还的事后，霍飞虎思量了一下，对胡雪岩说：“雪岩兄，放心吧，这事就包在我身上了！但是，你必须得听我的安排。”

柳春风去归安县上任的时候，他依照以往的惯例在归安县后衙内大摆筵席，宴请各位亲朋好友以答谢他们的拥护与爱戴。

这一天，阳光明媚，归安县后衙的二门张灯结彩，焕然一新，门前车水马龙，上至达官贵人，下到平民百姓，大家聚集一堂，把酒言欢。酒喝得差不多的时候，宾客们就开始纷纷向柳春风道喜。此时头戴镀金顶官帽、身着七品官服的柳春风也是稍有醉意。

就在这欢天喜地之际，门外突然聚集了一群衣衫不整、斜眉吊眼的人，他们拼命地朝院子里挤，守门的人见他们不像是宾客，便把他们挡在门外，可是不成想这群人竟大声地哄嚷起来："柳老爷如今高升了，凭什么别人能来，我们就不能来呀？不就是一个七品县令吗，有什么大不了的？我们这些一品老百姓可不怕他！"这群起哄的人其实正是霍飞虎的那些弟兄们。

这群人的叫嚷声越来越高，管家担心惊动了里面的贵宾，到时怪罪下来，自己不好交代，就命令守门的人将门打开，没想到门一开，人群就都拥到厅堂前。此时身穿藏青色对襟小马甲的胡雪岩也正夹杂在这群人当中。他进来以后，轻轻地掸了掸这身衣服，这一举动立刻就引来了宾客们的注意，原因是胡雪岩今天的这身装扮有着特殊的含义——藏青色小马甲是钱庄"讨债鬼"的一个特殊标记。宾客们耐心地等待着，看看钱庄来的"讨债鬼"究竟要向谁讨债。

只见这时胡雪岩笑脸盈盈地对柳春风说："小的在此恭贺柳老爷高升啦！"

胡雪岩的这身装扮着实吓了柳春风一大跳，顿时酒也醒了一大半，欠信和钱庄五百两银子的事在他脑海中猛然显现。平时走在大街上柳春风总是想方设法躲着钱庄的伙计，现如今面对"讨债鬼"胡雪岩，心里开始发怵，希望他不要当着众人的面提起债务的事，让自己出丑。柳春风自知是躲不掉这五百两了，便吞吞吐吐地说："先生请坐。"

"柳老爷。"胡雪岩不动声色地转过身指着霍飞虎一帮人说，"这位是临南镖局大名鼎鼎的霍飞虎，他身边的这些人都是他的弟兄，也是我的朋友。听说柳老爷办案精练，受到朝廷嘉奖，荣升为归安县知县，这可算得上是我们杭州城一件大喜事，就都想来见识一下柳老爷，跟老爷您道个喜。”话音刚落，霍飞虎等人就排成“一”字，齐声说道：“恭喜柳大老爷高升！”

当了这么多年的师爷，对于滚地龙霍飞虎，柳春风还是知道的。由于经常与这些人打交道，他深知他们专门爱滋扰生事、打架斗殴，是最让官府无可奈何的“地头蛇”。在今天这个大喜的日子里，如果他们一直赖在这儿不走，那可就太扫兴了，但如果惹怒了他们就更不好收场了。于是，柳春风不得不笑脸相迎说：“各位请入座！”

霍飞虎等人像是没听见柳春风的话似的，半天都没有动，只是冷眼望着他。柳春风纳闷极了，心想：他们平时可是什么都不怕的，官府都拿他们没办法，今天怎么会如此客气，难道是太阳打西边升起了？

就在这时，胡雪岩从怀里拿出一个红封套，满脸笑容地递给了柳春风说：“柳老爷，弟兄们略备的一点薄礼，还希望你能够笑纳！”

柳春风心里充满了疑惑，不知道他们究竟在打什么算盘。他小心翼翼地打开红封套，一看里面的内容，大惊失色，但又怕会失态，赶忙说道：“都是自家人，就不用如此客气了。”说完之后，立即吩咐下人添备酒席，安顿这帮“兄弟”。原来，红封套里装的根本就不是什么银票，而是一张和银票差不多大小的纸，上面写着：“欠债五百两，免息。”

此时柳春风的心里非常慌乱，他知道胡雪岩带着一帮人来果真是讨债的，但是他在众多宾客面前，假装登门致贺，绝口不提欠债之事，已经是十分给自己面子了，现在就看自己如何应对了。可是，五百两也是一个不小的数目，柳春风当然也很心痛，如果在以前，他仍旧会采用拖延战术，能拖就拖，但现在的情势跟以往不同，在这个皆大欢喜的日子里，如果因为这五百两银子而让自己失了面子，实在是得不偿失。

柳春风对胡雪岩讨债的能力早有耳闻，他讨债的手段多种多样，变幻莫测，一旦盯上哪个债主，便会穷追不舍，不达到目的誓不罢休。现在自己被盯上了，恐怕是在劫难逃了，他身后的那帮兄弟可是他坚实的后盾，是万万不可招惹的。

柳春风权衡利弊后，决定投降，毕竟做官名声才是最重要的，如果他们将此事宣扬出去，恐怕会影响自己的前程。而且在浙江一带做官，也需要结交一些这样的人，除了可以避免滋生事端外，还可以借此保境安民。于是，柳春风端起酒杯，笑眯眯地走上前去，向胡雪岩等人一一敬酒。

看到这种情形，胡雪岩便知自己的计谋得逞了，他用眼睛向霍飞虎等人示意了一下，霍飞虎等人就都赶紧笑脸相迎，起身回敬。柳春风走到胡雪岩的面前，亲昵地拍了拍他的肩膀说："都是兄弟，还希望贵庄以后能够多多照顾！"柳春风边说边将一件东西飞快地塞进胡雪岩的马甲兜里，胡雪岩微微一笑，大声说："如果大人不嫌弃，小的愿随时效犬马之劳！"

在场的宾客都清楚胡雪岩是来向柳大老爷讨债的，便都纷纷瞪大双眼，期待着看一场好戏，谁知胡雪岩和柳春风却在那说说笑笑，好不亲密。在宴会将要结束的时候，胡雪岩等人便告辞而去，好像什么事情也没有发生过，真是让人失望。

胡雪岩从归安县衙走出后，来到了一个小巷里，看见四周无人，便伸手往马甲兜里掏，掏出一看是一张五百两银票，胡雪岩微微一笑，把这银票小心装好，径直走上回程。

第五节　开设第一家“阜康钱庄”

时间一天天的过去了，胡雪岩也渐渐地有了自己的想法，立志要开办自己的钱庄当老板。他可不想一辈子受制于人。

胡雪岩说做就做，阜康钱庄就这样办了起来。然而在阜康钱庄刚刚开业的时候，胡雪岩就遇见了一件非常棘手的事情。

浙江布政司麟桂派人来到阜康钱庄说想暂时借用三万两银子。在这之前，胡雪岩对此人并不熟悉，也就是曾经听人说过，平时并没有什么来往。况且胡雪岩还听一些官府的人说，麟桂即将调离浙江，到江南、江北大营统领军务，此次借钱很可能是为了填补他在任时财政上的亏空。但是阜康钱庄才刚开始营业，库房中的现银充其量最多也不过五万两。

这着实给胡雪岩出了一道难题。借吧，如果人家一走了之，那白花花的银子岂不打水漂了？即使人家不赖账，但是像胡雪岩这样爱面子、有身份的人，也不会整天跑去官府要债的。可是如果收不回来这三万两银子，对阜康来说可是一大笔损失。

通常人们都会认为“人在情在，人走茶凉”，所以那些普通钱庄的老板如果遇到这种情况，一般都会打马虎眼，随便应付几句就过去了。

然而，胡雪岩做事一向都从长远利益考虑，对于眼前的得失从不计较。他认为，如果你能够在别人遇到困难，最需要帮助时助他一臂之力，那么人家自然就会铭记在心。只要他还在为官，就有机会利用手中的职权，稍微为自己行个方便，到时还用愁拿不回来那三万两银子？听一些知情人说，麟桂并不是那种死皮赖脸、欠债不还的人，只不过是他即将调任，不想因为财政亏空而授人把柄，进而影响自己的仕途，所以急需一笔钱来填补这个亏空。

三思之后，胡雪岩就立刻决定来个“雪中送炭”，十分豪爽地对来人说：“麟大人是看得起我，才向我们钱庄借钱的，我马上就办。”

来人见胡雪岩答应得如此干脆，一时没有反应过来，过了一会儿，激动地说道：“像胡老板这样真是太够朋友了，说实话，我还真是头一次遇到。既然你这么讲义气，那我也实话告诉你吧。麟大人的印把子，此时还攥在手里，走之前还能够放几个‘起身炮’的。你要有什么需要帮忙的，可千万别客气，尽管说。”

听到来人已经替麟桂将话说成这样了，胡雪岩满心欢喜，看来自己的确是没有看错人，如果再不说点什么就来不及了。于是，他假装深思了一会儿，才说：“麟大人如此关照小店，真是让我胡雪岩感激不尽，一时半会也没有什么事要求麟大人的。等麟大人去了江宁，希望能多多照顾那边跟浙江的公款往来，如果交由阜康来汇兑，从而可以让我的生意做开，那我就十分感激了。”

“这种小事好说，我都可以帮你办到。”

来人告辞离去后，胡雪岩立即叫来他新提拔的大伙刘庆生，让他凑齐了三万两送给麟桂。

胡雪岩这一赌注算是下对了，立马就显成效了。胡雪岩办事豪爽是麟桂万万没想到的。于是，为了感谢胡雪岩帮自己一个大忙，他在临走前决定要给胡雪岩提供一些帮助：首先他呈请户部明令表扬胡雪岩的阜康钱庄踊跃认销官票一事，户部和浙江省的银钱往来，也一律交由阜康办理汇兑，这样不仅提高了阜康钱庄在浙江的知名度，还为其发展创造了资本；其次委托阜康钱庄办理浙江额外征收赋税以及勘剿太平军“协饷”的汇兑；最后麟桂还让胡雪岩借此机会，在上海开办阜康分号，江浙两省筹集的饷银也都交由阜康钱庄汇兑到江苏。

胡雪岩就这样，凭借着自己超人的见识，以区区三万两银子，不仅扩大了阜康在浙江的生意，还将生意做到了江苏、上海。从此以后，阜康钱庄的生意越做越大，这也正是胡雪岩一心向往的。

第六节　买卖外商军火，迅速积累财富

古应春是当时上海洋场的一位“通事”（也就是我们今天所说的翻译）。他仪表堂堂，有很多洋朋友，除了精通英语外，更让人佩服的是，他虽然在洋场混迹很久，但是却时刻维护中国人的利益，对中国人起内讧、相互争斗，让洋人坐收渔翁之利的现象深感不满。胡雪岩同古应春初次见面，就感到特别投缘，一见如故。

在麟桂的支持与帮助下，胡雪岩在上海很快就办起了阜康分号，主要汇兑朝廷征收的各种赋税以及各省剿寇所筹的协饷，从而使阜康分号很快就成了上海最大的钱庄。

胡雪岩积累了雄厚的资本后，又在宁波、苏州、湖州、常州等地都开办了阜康分号，并且还相继创建了当铺和绸缎庄。在松江漕运龙头老大尤老五的引荐下，认识了当时经常行走于洋行的古应春。一心想要进入洋场的胡雪岩一直苦于自己对洋行里的事一窍不通，无法与洋人打交道，认识了古应春，真是上天赐予的良机。胡雪岩非常高兴，就将别的业务放下，整天想方设法地去接近古应春。并且还特意请来了古应春的妻兄尤老五，在上海盘桓了数日。

一天，胡雪岩又约尤老五、古应春一起去吃海鲜。在等菜闲聊的时候，尤老五突然问自己的妹夫：“我买的洋枪有没有到货？”古应春告诉

他："货已经到了，明天就可以去提。"胡雪岩不禁疑惑了起来，便问尤老五："这是给谁订购的洋枪？"

尤老五说："现在漕帮的船又活了起来，从松江到上海这段海路很不安宁，海盗时常出没，应春现在需要经常给上海洋行运货，为了防止海盗来抢船，因此就买了一些洋枪，兄弟们可以用它来自卫。"

古应春说："当今世道，盗贼猖狂，漕帮的弟兄们为了混口饭吃，真如从狮子口中夺食呀！"

尤老五说："人们都说与洋人做买卖能够赚大钱，可是这条路并不是人人都能走得，与洋人打交道，如果没有内线是绝对不行的，洋人会坑死你。"

胡雪岩说："其实我的运气还算挺不错的，能够认识应春兄，真是三生有幸，以后在洋场上还望应春兄你能够多多指教。"

"呵呵，这个可不敢当。"古应春立即说道，"尤五哥是我妻子的兄长，他十分推崇和敬重老兄你。那么想必足下也一定是一位重情重义之人，我相信我们彼此以后也一定能够成为好朋友。"

"是啊！四海之内皆是朋友。何况现在海禁也都已经开了，我们如果不亲近，还怎么对付洋人呀？"胡雪岩知道古应春十分重视与维护中国人的利益，所以这么说。

这一番话让古应春听得心里舒坦极了，他十分高兴地说："雪岩兄，你这话真痛快。咱们中国人，总是内讧不断，让洋人白白捡了便宜。"

"是啊，如果咱们中国人都能够团结一致，还能被洋人欺负吗？"尤老五说。谈话间，菜端了上来，胡雪岩一边倒酒布菜，一边心想，初次见面，一定要注意自己的言行，多听听古应春说的，多了解一些有关洋务的事。

“现在新出了一个名词‘洋务’，官场上的一些大人物，几乎个个都会‘说洋务’，其中‘办洋务’是最吃香的。这些大人物我也见过不少。但是像应春兄刚才说的话，我还真是头一次听到。”胡雪岩故意装作糊涂地说。

“哼！”古应春冷冷地一笑，对胡雪岩所说的“大人物”十分鄙夷，“那些人要么是将外国人当成茹毛饮血的野人，自傲自大。要么就是一听到‘洋人’就好像没了脊梁骨，恨不得立马跪下来叫一声‘洋爸爸’。让这些人去搞洋务，无非是闭门造车，自取其辱。”

“这话说得很是透彻呀。”胡雪岩又将话绕了回来，“过犹不及，就‘自己人内讧’。”

“还有，”古应春双手不停地比划着说，“那些恨洋人的人凡事都会阻挠、干扰，那些怕洋人的人总是想方设法去讨好。中国人一味地互相打击排挤，洋人的脑袋转得很快，一旦有机会，就绝不放过。”

看着古应春那张充满愤慨的脸，胡雪岩猜想他一定受过排挤，所以才会有此感慨。胡雪岩心中暗自想到：“俗话说不遭人妒是庸才。那些能干之人必定是经历过很多风雨和排挤打压的人。看古应春的言谈举止，潇洒自然，见解独到深远。自己现在准备进入洋场，正好缺一个像古应春这样的帮手，如果他能为我所用，岂不是更好？

胡雪岩在心中暗下了决心，但他认为这事要循序渐进，不能操之过急。于是他想了想，又提出了一个让古应春十分感兴趣的话题。

“应春兄，我感到非常不服气！为什么我们自己人总是起内讧，让洋人白白捡了便宜？难道我们自己人就不能团结一致，让那些嚣张跋扈的洋人无机可乘？”

“好！说得真好！众人同心，其利断金。”尤五哥性子豪爽，为人仗义，先说了起来。

“好的！咱们兄弟三人先起头，好好地大干一场。”古应春在他们二人的影响下也一下子有了兴趣。

胡雪岩看了看尤老五与古应春，信心满满地说：“我是在想我们兄弟三人，现在各占一门：应春熟悉洋行方面的事务，五哥是漕帮上的龙头老大，我在官场中有一些熟人，有点路子。这些凑在一起，我相信我们一定能混得很好！”

古应春仔细一想，发现还真是如此！并且在胡雪岩的鼓励下，他也来了劲地说：“真是巧得很呀！说实话，如果想硬凑齐这三方面还真不容易。我们三人一定要好好合计合计，一定要轰轰烈烈地大做一番。”

尤老五捋臂将拳，好像已经干了起来似的，高兴地叫嚷道：“这样好！这样好！”

从此，胡雪岩便开始了与洋人在商贸上的往来，做起了军火生意，他先是以合理的价格及时地从英商哈德孙那里买了三百支枪、两万颗子弹，然后找准时机销售出去，一举赚得了数十万两银子。后来，胡雪岩替左宗棠向洋行借款并且大规模地采购洋枪、洋炮等，古应春都是功不可没的。

第七节　坐拥多座钱庄成为江浙首富

凭着天生的一股机灵劲儿和不服输的性格，加上之前在钱庄做学徒和伙计积攒下来的丰富经验，胡雪岩很快把自己创立的第一家阜康钱庄经营得井井有条，规模不断扩大，他从前的老板也不得不对他刮目相看。

短短几年时间，用那“借来”的十万两银子起家的阜康钱庄就一跃成为江南第一大钱号，与此同时，胡雪岩又将目光投入了江南以外的其他地方，预备在整个中国开展一番轰轰烈烈的事业，让自己的阜康钱庄遍地开花。

此时，为胡雪岩提供开办钱庄本钱的蒋营官正率军在东部驻扎，与南北大营联手围剿太平军。战争是残酷的，在战争面前，无论是士兵还是将军都必须做好随时为国捐躯的准备。在一场拦截、围剿太平军的战役中，蒋营官像以往一样怒目相向、奋勇杀敌，却不料自己也在一场恶战中沦为了刀下鬼。

得知恩人阵亡的消息，胡雪岩眼前一黑，整个人都软了下来，以后很长的一段时间里，他都无法从那种悲痛的情绪中脱离出来。在悲痛之余，胡雪岩脑海里不断涌现出蒋营官将十万两白花花的银子交给他时说的那番话：“……这些银子都是兄弟们用鲜血和生命换来的，绝不能随便上交了国库。我暂时将钱托付给你，暂定五年之后取回，期间不用给我算利息。五年之后，无论我还在不在人世，要保证我的兄弟们都可以将自己的那份钱取回。”

如今，蒋营官已经不在人世，胡雪岩又与他的部下从未谋面，彼此之间完全谈不上什么信任。因此，胡雪岩料定不久之后就会有人前来将这十万两银子中的大部分取走。虽然当初蒋营官许诺不收分毫利息，但这可不是胡雪岩的做事风格，他找来伙计将这十万辆白银按照蒋营官给的那份名单一一分配好，并将这几年里滚下的利息一并算在了里面。

经过一番仔细的检查和核对，胡雪岩发现若是此时蒋营官的部下全都来到阜康钱庄兑换现银的话，需要连本带利一下子拿出十六万两白银，这个结果着实让他吃了一惊。虽然阜康钱庄的发展状况已经十分不错了，不过库里的现银也不过区区五十万两而已，若是一下子被掏去了三分之一，无疑会对阜康钱庄以后一段时间的发展产生较大的影响。但胡雪岩思忖了片刻后，还是毅然决定将这些银子兑现。因为对于胡雪岩来说，即便是现在要拿整个钱庄的全部现银来兑现自己当初的承诺也是应该的。经营钱庄，诚信是最大的根本。

不出胡雪岩所料，在十六万两现银准备完毕后不久，几位自称来自蒋营官部队的壮汉便风尘仆仆地赶到了阜康钱庄。胡雪岩先是在家中准备了一桌丰盛的宴席为几位壮汉接风洗尘，然后便没有任何拖沓地将这几天整理好的账本拿出来给这些人查看。

驰骋沙场的人多是粗人，对那些零碎、冗长的账目并无兴趣，只是请胡雪岩命伙计将他们能够拿走的现银总数交待一下。当得知十万两白银转眼已经变成了十六万两时，几人不免吃了一惊。

“胡老板，当初蒋营官并没有说这本钱还能滚利息，这……”

“几位军爷且听我说，虽然蒋营官说过不算利息，但这不是我为商的原则。想必几位对我的阜康钱庄也略知一二。且不说我开办钱庄的本钱是蒋营官给的，只要我的钱庄是赚钱的，所有将银子托付给钱庄的人就应当得到一份利息。”

“既然胡老板这样说了，那我们就不便再推脱。只是十六万两现银数目庞大，不好运输，待我们几人商议一下再做定夺。”

由于银子数目庞大，又都是白花花的现银，用车队将这么多银子一次运走显然要承担巨大的风险，或许还不如继续存在钱庄里的好，经过一番商议，几人决定先将用来安抚阵亡将士家属的那部分银两运走，剩下的暂时仍保存在阜康钱庄，将来再陆续取走。不过，需要取走的那部分银两也有六万两之多，如何安全地运输仍然是个大问题。

胡雪岩得知这几人的为难之处后，突然想到曾经听王有龄提到过的票号和镖局合作的事情，票号在各地开有钱庄，一个人拿着京城某家票号的传票就可以从这家票号在其他地方开办的钱庄里直接取出现银，而押送银两的任务则由镖局完成。胡雪岩最终帮助蒋营官的部下顺利解决了所有的问题，他自己也从这件事开始下决心在京城和其他一些繁华的城市开办阜康钱庄的分号。

胡雪岩的办事效率一向很高，在考察了各地的情况、打通了各地政要关系之后，大张旗鼓地在上海开办了阜康钱庄的第一个分号。分号一开当地便有很多的富商巨贾乃至政府要员主动将银钱送来存下，大家看中的就是阜康钱庄的实力和胡雪岩的好名声。趁热打铁，胡雪岩很快又在王有龄的帮助下在京城开办了阜康钱庄的分号，并在此后的一年多时间里先后在宁波、福州等大城市将阜康钱庄的业务铺开，形成了庞大的经营网络，一举成为江浙一带首屈一指的富商。

第二章

通权时变，亦方亦圆寻找政治靠山

第一节　机缘相遇，与王有龄结为兄弟

在胡雪岩事业发展的过程中，除了蒋营官为胡雪岩提供创立钱庄的本钱以外，还有一个人的作用不容小觑——王有龄。提起胡雪岩与王有龄的交情，还要从当时盛行的“捐官”风气说起。

所谓“捐官”，顾名思义，就是花钱为自己买个做官的前程，这种风气在当时的杭州乃至整个中国都很盛行。有人要问了，官员不都是出自科举吗？实际上，虽然朝廷表面上都是从每年的科举考试中选拔人才用作朝堂中或是地方上的官员，不过，这在胡雪岩所处的时代只不过是一个幌子罢了。当时由于国库常常吃紧，各地又有很多富商豪门因为自己或子嗣没能走上仕途而感到遗憾，便有大臣斗胆奏请朝廷用“卖官”的方式充盈国库。只要有钱就可以捐官，但并不是马上就能做官，而是要在“冷板凳”上坐等空位，在等的过程中免不了得上下打点。

捐官的人五花八门，抱着各种相同或是不同的目的——有的为了追名，有的为了逐利。“追名”很好理解，古代人大都以做官为荣，素有“十年寒窗，一举成名”的说法，商人再富也会羡慕做官者能名留青史；而说到“逐利”，在迂腐的封建社会，人们热衷于做官的另一个原因就是纷至沓来的红包和好处，商人要苦心经营赚取钱财，而做官者只需动动嘴皮子说上两句好话就能将大把大把的银钱装入囊中，试问，谁不想过那种

被人巴结、讨好并且能获得实利的日子呢？

说起王有龄的身世，若是他那做官的父亲还在世的话，或许早就帮他把捐官的事宜办妥当了，不过，在他还没有看清人生方向的时候，父母的相继离世给了他重重一击。在他浑浑噩噩间将银钱散尽后，却发现自己连个前途都没有指望。

王有龄本是福州人，借着父亲的小小官位，生活虽不是大富大贵，却也说得过去，总算是没有吃过什么苦头，只是虽然全家省吃俭用替他交了捐官的钱，却无奈没有足够的银钱上下打点，王有龄不得不在“冷板凳”上永无止境地等下去。在父亲客死杭州之后，由于手头拮据，王有龄只得请人在杭州选了块风水地，将父亲下葬。一时间不知道生活怎样继续下去，常常一脸迷茫地在西湖边闲逛。

因为自小生活无忧，王有龄接受过比较系统的教育，也算是有些才气，只是受了父亲过世的打击，感到自己的仕途已经没有什么指望了，不免心中悲凉。在王有龄徘徊于杭州的大街小巷之时，并没有注意到有个小伙子不时地在一旁观察着他的一举一动，这个小伙子就是在钱庄做伙计的胡雪岩。

当时杭州捐官的人多，为了捐官倾家荡产的人自然也多。很多人用钱捐官之后失去生活来源时都会到钱庄做些借贷以暂时渡过难关，待日后捐官成功再大捞钱财将借贷的银钱连本带利地归还，放贷给捐官的人也便成了钱庄日常多见的业务之一。在借贷给捐官人之前，了解借贷者的家世身份、经济实力以及预测对方捐官的成功率就成了钱庄伙计的基本工作，因此，凡是在钱庄做伙计的人多少有些看人的本事，胡雪岩在这方面尤其擅长。

对于眼前这位落魄、彷徨的年轻人，胡雪岩从他眉宇中看出了一种非凡的气质。有一天，王有龄发现有人跟着自己，他认出是钱庄的伙计胡雪岩，想着自己也没有在钱庄做什么借贷，这人老跟着自己做什么？正百思不得其解之间，胡雪岩首先开腔打破了尴尬的气氛：“这位兄台，我请客，可否赏脸到茶间坐坐？”王有龄想着自己这副模样也没有什么可忸怩的，也就遂了胡雪岩的心愿，与他在茶间坐定，点了一壶清茶。

话说胡、王二人虽然不是第一次见面，但是王有龄除了知道胡雪岩是钱庄伙计以外，其他的一概不知。王有龄沉默不语，等待着胡雪岩说明请他喝茶的用意，却见对方正上上下下地打量自己，不免感到些许不自在。最终，胡雪岩的目光定格在王有龄的腰间，看着那块有一多半掩藏在衣襟里的玉佩问道：“看兄台腰间的玉佩，应该是颇有家世的吧，怎么如此落魄？”

被胡雪岩一语说中辛酸处，王有龄倒也不遮不掩，抿了一口清茶说道：“人生世事难料，家道中落，身不由己啊。”说罢将自己的身世一五一十地说给了胡雪岩听，或许是心中抑郁良久，王有龄自己也不知道为什么会对面前这位连名字都不知道的小伙子吐露心声。

“敢问兄台尊姓大名？”

“王有龄。”

“哦，王兄，幸会。在下胡雪岩，叫我小胡就好。看王兄面相，气度非凡，一定是饱读诗书吧，父亲又曾经做过官，为什么王兄没有在官道上谋条生路呢？”

“现如今，没有白花花的银子，还谈什么做官？”王有龄笑道。

“捐官固然是当下做官的必须，但也应该是有识之人才真正配得上那身官服。”胡雪岩言语中带着诚恳，说得王有龄心中一动。

“实不相瞒，父亲在世时只是个不起眼的小官，曾经为王某东拼西凑交了一笔捐官的银子，却没有银钱再进行上下打点以补上个实缺了。现在家父撒手人寰，丧葬费用将家中所剩的银钱也花光了，王某只能靠典当点家产勉强度日。看看我现在这个样子……”王有龄长叹一声，“我现在已经什么都不想了，过一天算一天吧。”

“很多捐官的人家中也并不富裕，捐官之后就不得不在钱庄做些借贷暂时艰苦度日了。王兄不愿像那些人一样跟钱庄做些借贷吗？”胡雪岩试探着问。

“我这副样子，哪个钱庄愿意借钱给我？钱庄的伙计多是势利的很，即便只贷个十两银子也要刨根问底将家世问个仔细，还要有值钱的东西用来抵押才可。试问我这样靠典当东西度日的穷困潦倒之人，谁会愿意借钱给我呢？”王有龄苦笑一声。

“若是我愿意借贷给你呢？”胡雪岩此话一出，王有龄不禁瞪大了眼睛，迟疑片刻之后笑道：“胡兄说笑了，一般钱庄伙计看到我躲都来不及，生怕我会开口借银子，你又为什么要借贷给我呢？”

胡雪岩语气坚定地说道：“王兄只说需要多少。”

王有龄见胡雪岩不像说笑的样子，便试探着答道：“来回盘缠加上打点费用，五百即可。”

胡雪岩思忖片刻道：“好，我就将这五百两银子贷与王兄，明日下午还在这个茶间碰面，可否？”

王有龄一时摸不着头脑，不敢轻易说是，只疑惑地问道：“胡兄的话让王某为难了，我既无田地又无房屋，除了腰间这块祖上传下来的玉佩，能当的都当光了，钱庄借贷总要有个抵押的吧？”

胡雪岩微笑着说道：“我只拿王兄的人品做抵押。”此话一出，王有龄不禁起身作揖道：“今日得以与胡兄结缘，真真是王某几世修来的福气！请受王某一拜！王某在此谢过了！”

胡雪岩也赶忙起身回礼道：“王兄言重了，我看中的是王兄的才学和人品。若是王兄不嫌弃，小胡愿意高攀与王兄做个兄弟。”

“若说高攀，也是我王某高攀了眼前的贵人啊！”

二人又是一番掏心掏肺，在茶间从下午一直聊到了晚上，天色渐晚才互相作别，约定第二天晌午还在茶间会面。

第二节　解囊相助，为兄弟宁蒙冤屈

次日到了约定的时间，王有龄早早地等在了茶间，要了一壶上等的龙井，只见胡雪岩一只手揣在衣服里匆匆赶来，手里拿的正是十张五十两的银票，共计五百两。

一见面，二人又是一番寒暄，王有龄面露疑惑地问道："胡兄，王某还是有一事不明……"

"王兄想问的可是这银子的来历？"胡雪岩笑着问。

王有龄微微笑道："五百两不是个小数，一般钱庄不会对我这样的人做这么大的借贷，不知胡兄是如何为王某说通此事的？"

胡雪岩四下里瞄了瞄，轻声说道："王兄请过来一点，实不相瞒，除了我和钱庄的一个老伙计，柜上还不知道有这样一笔银子。这五百两本是一笔要不回来的陈年旧账，在下有幸将它收了回来，现正好贷与王兄，待日后王兄穿了官服大富大贵之时再连本带利地归还柜上即可。"

"若是柜上知道胡兄私放了这么大一笔银子定然不会饶你，假如王某到头来竹篮打水一场空……"王有龄显得有些不安。

"王兄大可放心，若是柜上知道了这笔钱的来龙去脉追问起来自然由我顶着，大不了就是辞了差事换个事做；若是王兄最后没有成功，这笔钱就算在我头上。王兄是做大事的人，不必将此事挂在心上。"胡雪岩拍着胸脯说。

“如此说来真是多谢胡兄了！”王有龄感激地说道，“王某定不负胡兄的重望！”

两人畅谈了一番之后依依作别，王有龄带着五百两银票于次日便启程离开杭州前往京城打点补缺。

王有龄披星戴月，在路上没有耽搁半天时间，一路风尘仆仆地赶到了京城。京城是达官贵人聚集的地方，王有龄看着自己的一身粗布衣裳，想着在拜访能帮助自己的贵人之前起码应该有一套像样的衣服穿，于是便先去京城口碑不错的裁缝店定了一套衣服。

待到取衣服的日子，王有龄却发现自己定的衣服正穿在另一个人的身上，原来，裁缝店由于计划不周将那位顾客的订单遗漏了，而这位顾客又偏偏急用定做的衣服。刚好王有龄的身材与那位顾客差不多，于是顾客便想将这一套衣服高价买下。

得知原委的王有龄很大方的将衣服让给了那位顾客，出于感激，对方邀请王有龄到茶馆喝茶。王有龄心想，自己初来乍到，眼前这个人看上去仪表堂堂，应该是值得结交的，于是就一起到茶馆小叙。

正所谓吉人自有天相，虽然王有龄失了一套衣服，却得了一个难得的机会一原来对方的名字叫杨福，是为钦差大臣做事的，得知王有龄来京的目的是捐官补缺，便提出要将他引荐给钦差大臣。此时王有龄不会想到，在这之后还会有更加幸运的事情降临在他头上——那位钦差大臣正是他儿时的玩伴何桂清。

那天的天气格外好，王有龄换上新做的体面衣裳，在约定的时间来到了钦差大臣的宅邸。给了银子请看门的帮忙找到杨福，由后者引领着一路过门槛走小路越过了几个庭院，来到了钦差大臣的书房。路上杨福向王有龄介绍了钦差大臣的一些基本情况，当听到何桂清这个名字的时候，王有龄怔了一下并询问了这位何大人的年龄。

原来，早在十几年前，王有龄曾经跟随父亲在云南居住过一段时间，而年长他几岁的何桂清是那个时候跟他最合得来的玩伴，两家的长辈也交往甚深。当时何桂清家境清贫，曾经受过王家不少的恩惠。后来王家举家迁往杭州，王有龄与何桂清也就没有再见过面。

话说何桂清第一眼见到王有龄也是吃了一惊，显然这位已经走上仕途之路的钦差大臣并没有“贵人多忘事”的毛病，几句寒暄之后何大人便遣走了屋里的下人，拱手向王有龄问道：“可是雪轩老弟？”雪轩是王有龄的字，这个名字一出何桂清的嘴，王有龄便应声道：“正是！何兄好记性啊！没想到能在这里见到你。”

二人相认之后便兴奋地交谈起来，互相问了对方的近况和家人的情况，得知王有龄父母去世、生活窘迫的情况之后，何桂清同情地说道：“没想到一别多年，雪轩老弟竟落得如此田地。此次进京有什么安排，我能否帮上什么忙？”

“实不相瞒，父亲在世的时候曾经为雪轩捐过一个‘盐大使’的名头，无奈家道中落，没有银钱上下打点，补缺无望。幸得一朋友解囊相助，赠五百两银子于我，只盼我能进京活动一下谋得一官半职，也好顺顺利利地度过余生。”王有龄略带疲惫地说道：“只是我在京中没有一朋半友，有银子也不知道该从哪里开始打点，唉……”

何桂清听闻王有龄此言，斩钉截铁地说道：“若是雪轩老弟信得过我，这件事情就包在我身上了！”

王有龄赶忙道谢："如此真是多谢何兄了！"

此次进京遇到了何桂清，真可谓是王有龄的福气，有了这位钦差大臣的帮助和引荐，补个实缺是指日可待的事情。胡雪岩曾说王有龄看上去一脸贵像，看来并不是虚言啊。

何桂清先是将王有龄安排在自己的府中住下，又差人取来银票一千两赠给王有龄用来打点补缺的事宜。与此同时，何桂清也运用自己的人脉关系帮助王有龄打通各个关节，在很短的时间里就让王有龄补上了一个海运使的缺。

再说胡雪岩将那收回来的五百两银子私自贷给王有龄之后没几天便东窗事发，钱庄老板得知此事后大怒，胡雪岩自然少不了挨上一顿臭骂。这件事情本身只有胡雪岩自己和一位老伙计知道，现在事情弄成了这样，胡雪岩心里很清楚是怎么回事。原来，因为胡雪岩勤奋、聪明、办事效率高，钱庄老板一度十分看好他的前程，学徒当了没多久就转为伙计了，这让那个在柜上服务十几年的老伙计心生愤恨，生怕胡雪岩哪天会踩到自己头上。这次私自借贷的事情刚好是个给胡雪岩教训的机会，那位老伙计自然不会轻易放过。

被老板一顿臭骂之后，胡雪岩心生离情，不过老板并没有辞退他的意思，胡雪岩可以继续在柜上做他的伙计。

不过，之后发生的一件事情使得胡雪岩被彻底赶出了钱庄——一位自称湘军军官的蒋姓人士从胡雪岩这里贷走了白银四千两，这一次的情况简直与胡雪岩贷银子给王有龄如出一辙！原来，这位蒋营官是一位骁勇善战的将军，带领着一支精锐部队抗击起义的"长毛军"。由于国库亏空，士兵的饷银和安葬费迟迟得不到解决，眼看士气低落，这样下去这支人马必定以惨败做结局。但若是能马上领到现银以鼓舞士气，蒋营官有信心在接下来的半年时间里打上几场胜仗，到时候从敌军手中缴获的银钱也将不计其数。

蒋营官听闻胡雪岩是个胆大心细的钱庄伙计，便快马加鞭从前线赶来与胡雪岩商议贷借之事，这一借就是四千两银子。胡雪岩回家后思来想去，最终还是背着老板将这笔钱以较高的利息贷了出去。

钱庄老板在事后听闻此事大发雷霆，将胡雪岩从钱庄赶了出去。胡雪岩就这样收拾好行囊，离开自己待了十几年的钱庄。这个时候的胡雪岩只想着以自己的实力完全可以找到另一家钱庄做伙计，却没想到人言可畏的可怕之处。

胡雪岩并没有想到，离开钱庄之后的路会那么难走。不知道是不是那个老伙计捣的鬼，胡雪岩私放五百两银子给穷书生的事情传遍了杭州所有的钱庄，一时间没有一家钱庄的老板愿意雇用胡雪岩，这使得胡雪岩的生活一下子陷入了窘困之中。

顺利走上仕途的王有龄并没有忘记钱庄伙计胡雪岩那雪中送炭的恩情，若是没有胡雪岩的资助和鼓励，说不准他此刻正流落街头呢。做了一段海运使，积攒了一些银钱之后，王有龄回到了杭州，想要找到胡雪岩叙旧和谢恩。当他揣着五百两银票和应付的利息来到胡雪岩曾经待过的那家钱庄之时，却发现这位好兄弟已经不见踪影了。还清了银子，王有龄匆匆赶到胡雪岩昔日的家，却只看见了紧锁着的落满灰尘的大门。

一连几日，王有龄四处打听胡雪岩的消息，却一直一无所获。一日，王有龄陪妻子在街上闲逛，偶然发现一位蹲在路边卖菜的老妇人十分眼熟，细看之后发现此人正是胡雪岩的母亲。王有龄连忙上前行礼，询问胡雪岩的近况。原来胡雪岩因为被钱庄辞退一直找不到活计，不得已举家搬到农村艰难度日。

经过几番周折，王有龄终于在郊区一个破旧的小院中见到了胡雪岩，看到眼前身体瘦弱、面色暗黄的老友，王有龄心痛不已。

第三节　肝胆相照，为漕帮排忧解难

王有龄将胡雪岩一家三口安顿在自己新置办的宅子里，并筹划着帮助雪岩找个差事以渡过难关。不过，王有龄现在也不过是一个小小的海运使，而且只是代理的，并没有转正，思来想去只有一个办法可行，那就是让胡雪岩暂时待在自己身边做个军师。不过，毕竟胡雪岩是他的恩人，王有龄觉得这样办事有些驳了胡雪岩的面子。

这天，王有龄特意在杭州最好的饭馆定了一桌饭菜，邀胡雪岩与自己叙旧。

"雪岩，我有一件事不知道当讲不当讲。"王有龄觉得让胡雪岩做自己"跟班"这种事有点难于启齿。

"王兄但说无妨。"胡雪岩一向是这样直爽的性子。

"是这样的，我看你现在没有什么正当的差事，这么一天天耗下去也不是办法。我呢，刚接管海运这摊子事，暂时还有点理不清头绪，若是你不嫌弃，可否愿意做我的军师，与我一起共谋大事？"

"如此甚好，小弟在此谢过了。"胡雪岩并没有半分拒绝的意思，这让王有龄着实感到高兴，一方面有了胡雪岩的帮助他的事业定然会一帆风顺，另一方面，胡雪岩日后的生活也算有了着落。

胡雪岩素来聪敏好学，海运办的那些大事小情很快就被他摸了个透，处理起事情来如鱼得水，很快就帮助王有龄转了正，而这个时候，一个人的出现也彻底改变了他的生活，这个人就是曾经受过胡雪岩恩惠的蒋营官。

话说这蒋营官带着四千两银子回到前线，果真如他所说在接下来的几个月时间里打了几场胜仗。待战事平息，蒋营官便由几个随从跟着来到杭州城寻找胡雪岩，一方面是要将之前的贷款还了，另一方面还有事与胡雪岩商量，而这件事对胡雪岩来说是能够改变他命运的大事。

蒋营官到钱庄寻找胡雪岩未果便差底下的几个随从打探他的消息，得知胡雪岩的下落之后便邀他出来喝酒叙旧。蒋营官一见到胡雪岩便起身拱手行礼："胡老弟，良久不见，近来可好？"

见蒋营官满面红光，胡雪岩拱手道："想必蒋营官是大胜而归，没想到您还能记得我这无名小卒。"

"贤弟说笑了，若不是雪岩你冒着风险将那四千两白银贷给我，蒋某哪来今日的威风！那借款已经连本带利地归还，却不见老弟在柜上当差，究竟是怎么回事？"

胡雪岩苦笑着说："只是一点小矛盾，不值一提。"

"蒋某本来还有一件事想要托付给你，不过……"

"有什么事蒋营官但说无妨，只要我胡雪岩能帮上忙就一定会尽力。"

原来，这蒋营官打了几场胜仗，缴获了十万两白银，通常情况下这笔银子是应该上缴国库的，但是蒋营官为人刚烈，且不说这些白花花的银子是兄弟们用鲜血换来的，若是朝廷将银子另作他用，待到战事一开，不是又没有钱犒赏将士们了吗？不过，这么一大笔现银靠藏是藏不住的，只能找胆大的钱庄帮忙收藏转换，这样想着，蒋营官就有了一个主意，他此次来杭州的主要目的就是希望胡雪岩能帮忙将这一大笔现银存入钱庄。

现在胡雪岩已经不在钱庄做事了，这便让蒋营官的想法落了空，不过，他灵机一动又想到了一个更好的办法，于是便问胡雪岩："雪岩老弟现在在何处供职？"

"雪岩不才，没有什么正当的差事，只是帮助朋友料理一些事情而已。"

"老弟有没有想过自己开办个钱庄？"

"蒋营官说笑了，钱庄哪里是我这种无名小卒随便开得的，那可需要一大笔现银才行。"

"需要多少？"蒋营官直接问道。

胡雪岩被蒋营官弄得有点糊涂了，但还是想了想说道："大概五万两。"

蒋营官继续追问："我借你十万两银子办个钱庄如何？"

这句话着实让胡雪岩吃了一惊："十万两？"

蒋营官见胡雪岩一脸疑惑和不解的表情，便解释道："实不相瞒，从兄弟这里贷走四千两银子之后，蒋某连连得胜，缴获银钱无数，还掉贷借的银子之后还剩十万两有余。雪岩老弟应该知道，朝廷是不允许私藏银子的，但这都是兄弟们用命换来的，日后我还想用这些银子用来犒赏将士。"

"蒋营官的意思我懂，一般的钱庄是不敢收这样的银子的，不过，雪岩在钱庄的时候只不过是个伙计……"

"我蒋某看人是不会看错的，老弟，你绝对有这个能力，你只消拿了这十万两去，给你做个开办钱庄的本钱，无需给利息，以五年为期，五年后不管我的哪位兄弟来取，只消给他的那份即可。你帮我保管这些银子，我帮你办起一个钱庄，这绝对是件好事。”

胡雪岩想了一下说道：“如此雪岩就不便推辞了，多谢蒋营官看得起我，兄弟我一定做出个样子，不负蒋营官重望！”

有了这十万两现银，胡雪岩很快开办起一家小规模的钱庄，取名阜康钱庄，从此一边打理生意一边帮助王有龄谋事，日子逐渐红火起来。

一日，王有龄一大早便匆匆赶到胡雪岩的家中，说是有要事相商。胡雪岩连外衣也没穿便来到书房，只见王有龄已经等在那里了，透着一脸的焦急，看上去是出什么大事了。

“王兄这是怎么了？出了什么事？”

“今天一早我就收到朝廷差人送来的一份公文，要求马上备齐白米十万石，一个月之内运至京城。你也知道，这几年因为连年干旱，漕米的运送一年比一年频繁，上次的那一批才运去没多久，这一下子又要十万石，这么短的时间我怎么可能备得齐。这可如何是好，看来我这海运使算是做到头了！唉……”

“王兄先不要急，我们从长计议，事情一定有办法解决。”胡雪岩一边安慰王有龄一边飞快地在脑海中寻找解决问题的办法。不多时，胡雪岩的眼神亮了一下，他想到了一个能够在最快的时间里解决问题的办法，不过，要实现可能会有一点困难——向漕帮买米。

以胡雪岩现在的财力和人脉关系，备齐买米的钱自然不是问题，不过，漕帮一向视海运办为仇敌，有再多的米也不会愿意卖给海运办一两，何况是十万石之多。原来，过去从江南运粮进京走的都是运河，漕帮是运粮的主力军，不但承接运粮的任务，还会从各地收米囤粮。不过，由于连年遭遇自然灾害和强盗骚扰，从运河运粮常常不能保证运输的效率，朝廷便成立了海运办，改用海运的方式运粮。这样一来，漕帮的生意被迫裁去了一大半，海运办也便成了漕帮最厌恶的敌人。

不过，胡雪岩经过一番思量之后，想到了一个将事情办成的好点子——先为人、后为己。原来，由于连年的干旱，运河常常堵塞，因此，漕帮的生意一天不如一天。现在朝廷运粮这个最大的饭碗也被海运抢走了，漕帮的兄弟日子过得一天不如一天。幸好多年来漕帮一直有屯米的习惯，如果这批米能卖个好价钱，漕帮至少还能暂时渡过难关，只等旱情好转漕运恢复。

胡雪岩想到了这一点，就与王有龄商量以高价从漕帮手中买米，王有龄虽然有些迟疑，却无奈现在只有这一个办法，也就答应了。胡雪岩带着一番诚意与漕帮的魏老大和他的干儿子尤老五谈判，除了答应以高价收购十万石大米以外，胡雪岩还表示愿意与漕帮做个借贷，帮助他们渡过难关。这样一来，漕帮和王有龄面临的问题就都得到了解决。因为这件事情，胡雪岩也得到了漕帮的好感，结交了一批新朋友。

第四节　以和为贵，化解与周道台的恩怨

有了胡雪岩的帮助，王有龄得以渡过了难关，顺利在一个月之内将十万石大米运至了京城，得到了朝廷的赏识。当时的浙江巡抚黄宗汉也因为管辖范围内的王有龄办事妥当而受到嘉奖，这一下子就拉近了巡抚大人与小小的海运使之间的距离。

其实，说起王有龄与黄宗汉的因缘，还要从何桂清讲起。当年王有龄怀揣着胡雪岩借给他的五百两银票来到了京城，迷茫中遇到了儿时的玩伴，已经是钦差大臣的何桂清，后者积极地帮助王有龄，为补实缺的事情上下活动。因为王有龄的父亲曾经为他捐过“盐大使”，何桂清到江浙一带巡查时就叮嘱黄宗汉尽快为王有龄谋个合适的职位。

黄宗汉是溜须拍马的能人，当时海运办正好有海运使的缺，虽然他早已经将这个位子许给了自己的表弟周道台，但是为了仕途亨通，黄宗汉果断地任命王有龄为新一任海运使。不过，王有龄到任之后并没有得到黄宗汉的关照，原来黄大人是个贪婪成性的庸官，如果不是迫不得已，往往只认银子不认人。了解到这一点之后，王有龄便每年都按时的给黄宗汉递银子，还不算偶尔赠送各色礼品，总算跟黄大人攀上了交情。

不过，黄宗汉的那位同样捐了官等待海运使这个实缺的表弟周道台却一直对王有龄占了本该属于自己的坑而对他怀恨在心，总想着报复，最好

能借表兄黄宗汉之手将王有龄从这个位子上整下去。一日，周道台前去拜访黄宗汉，在书房撞见了王有龄，发现二人正谈得不亦乐乎，心中便顿觉十分气愤。王有龄并不知道自己顶了周道台的缺，想着对方是黄大人的亲表弟，因此十分客气有礼。

待王有龄与黄宗汉作别之后，周道台马上想到了一个鬼主意，准备在王、黄二人之间生一些是非，借以离间二人的关系。若不是出身相对好一点，周道台简直跟街上的地痞流氓差不了多少，此人奸诈、多疑，喜欢用自己那三寸不烂之舌搬弄是非。周道台知道表哥官职以下的江浙地区小官小吏都是要按时送银子给他的，而表哥又是贪婪小气之人，若是在供银上做做文章定然会让表哥对王有龄的印象大打折扣。

周道台看着王有龄远去的背影，神秘兮兮地凑到黄大人身边问道："表哥今年收到王有龄上供的银子应该比往年都多些吧？"

"此话怎讲？"黄宗汉有些不明白。

"我听说这小子今年除了正常的河海捐税之外还赚了不少船业、粮业的供银，可算是着实发了一把。他对表哥您如此敬重，多捞了好处当然不会忘记您啦。"周道台边说边看见表哥的表情起了明显的变化，自己这一招肯定奏效了。

"岂有此理，王有龄今年的供银同往年并无半分差别，这小子居然敢跟我玩儿这种把戏！"黄宗汉气愤地说道，"枉我对他一片栽培之心，真是人心隔肚皮啊。"

"表哥息怒，其实这也算不得什么，下面的人给上面的人交供银，不就是那么回事吗，什么情分不情分的，不过是为了自保而履行义务罢了。"周道台添油加醋地说道。

其实，让黄宗汉感到生气的还真不是什么“情分”的问题，对于他来说，银子比任何人都让他感到亲切，若是王有龄真的多收少送，对黄大人来说这简直像是在他身上揩油一样让人难受。

过了一段时日，王有龄得了一件古董美玉，想着黄大人喜欢玉器，于是兴冲冲地赶到黄宗汉的府上拜访，没想到这次却吃了个闭门羹。按照常理来说，因为有何桂清这层关系，王有龄每次来访都得到黄大人的接见，这次是怎么了？王有龄百思不得其解，不知道自己在什么地方做得不妥以致于黄大人会如此冷淡。

当天晚上王有龄想了整整一晚也没想出个端倪来，第二天一大早便找到了胡雪岩，请他帮忙分析一下情况。

“雪岩，我今年的供银已经按时交了，逢年过节的礼物也没短过，上次去拜访的时候与黄大人也是谈笑风生，甚是愉快，实在是想不出黄大人这是唱的哪一出。”王有龄百思不得其解。

“王兄，依我看，此事恐怕是有人从中作梗，我们这么猜测也是无用，待我去查上一查，弄清原委之后咱们二人再做打算。”胡雪岩冷静地说道。

“雪岩，为兄每次都这样麻烦你，真是……”

“王兄说的这是什么话，兄弟之间还分什么你我。”

当天胡雪岩便差人到府上悄悄把经常伴随黄大人左右的何师爷请了出来，在杭州最好的馆子里定了一桌酒菜。何师爷因为曾经受过胡雪岩的恩惠，对胡雪岩提出的问题都是悉心解答。得知是周道台在背后捣鬼之后，胡雪岩马上赶到王有龄家中商议对策。

一见面胡雪岩便问：“王兄可认得周道台？”

“认得，是黄大人的亲表弟。”王有龄感到有些奇怪。

“昨日黄大人对王兄不闻不问正是受了此人的挑唆，说是王兄今年收的银子多，送的却不见涨。”

王有龄更加疑惑了：“不会吧，周道台看上去不像这种人，再说我们之间又没有什么深仇大恨，他何以至此呢？”

胡雪岩叹了一口气说道：“王兄有所不知，当年这个海运使的缺原本黄大人已经许给了周道台，只是因为何桂清何大人的一句话便易了主。那周道台本就是个泼皮无赖之辈，哪里受得了这个，几次三番想要说服黄大人无果，只得眼睁睁看着王兄坐上这个位子，自然对你怀恨在心。”

王有龄恍然大悟道：“原来如此，这么一说，我倒觉得那天在黄大人府中遇见周道台时的确有点不对劲，无论我多么客气，他看我的眼神都是那么不屑，我只以为他是仗着有一位做巡抚的表哥而飞扬跋扈，却不知道还有这么一层利害关系。”

胡雪岩继续说：“现在必须想个法子把周道台与王兄之间的隔阂去掉，不然这永远是个隐患。”

“我倒觉得目前的燃眉之急是怎么解决黄大人那边的误会。说实话，今年的河海捐税没有半分增加，反倒是支出大了不少，若是我手中还能有些结余，自然会多送些银两给黄大人。黄大人爱财是谁都知道的。”王有龄为难地说。

胡雪岩想了一下说道：“这样吧，我马上命人送一张阜康钱庄一万两的折子到黄大人手里，就说是王兄为了掩人耳目特意为黄大人存的。周道台那边我们再从长计议。”

“如此甚好，只是又让雪岩为我破财了。”

“这点小事王兄不必挂在心上。”

一万两的折子拿在手里，黄大人绷着的脸立马有了笑容，与王有龄之间的误会也一笔勾销。再说那周道台，在胡雪岩的缜密查探中终于露出了狐狸尾巴——他正瞒着他表哥与一位官员联手做买卖洋人军火的生意，而这个官员又是黄大人的眼中钉。周道台这么做不过是图财罢了，却也给了胡雪岩一个收买人心的好机会。

胡雪岩先是让何师爷找到周道台，将周道台暗中所做的勾当和盘托出，再动之以情、晓之以理，说服他“弃暗投明”，自己花银子将这批洋枪洋炮买下再告诉黄大人，权当是为表哥分忧。若是不这么做，万一黄大人知道自己的表弟与仇敌一起共事牟利，定然不会饶他。

周道台自然明白其中利害，只是他原本是想谋点渔翁之利的，现在让他自掏腰包，一是舍不得，二是根本拿不出那么多银子来。何师爷见周道台急得来回踱步，便为他献上一计：“周兄可以找海运使王有龄帮忙。”

“王有龄？他能在这件事上帮什么忙啊？”

“王有龄虽然只是一个小小的海运使，他身边却有个与他交好的大财主——阜康钱庄的老板胡雪岩。”

虽然周道台对王有龄还是心存怨恨，此时却也不得不去求他一回以解燃眉之急。让周道台没想到的是，王有龄十分热心地接待了他，并与胡雪岩一起帮他顺利渡过了难关。其实这些都是胡雪岩事先设计好的，蒙在鼓里的周道台自此彻底摒弃前嫌，与胡、王二人交上了朋友。

第五节　收服嵇鹤龄，如虎添翼

胡雪岩所处的时代，因为朝廷连年国库虚空，下面的大官小吏多是花大把银子购买官位。这些人当中几乎没有人真正为国担忧、为民着想，不过偶尔也会有例外，由父亲在早年帮忙捐了官却一直没有补上实缺的嵇鹤龄就是一个刚直不阿、清廉如水的人。

嵇鹤龄从小饱读诗书，无奈所处的时代世风日下，读了再多的书，没有白花花的银子帮忙谁也走不上仕途，又何谈为国为民呢？好在嵇鹤龄的父亲十分疼爱和看好自己这个儿子，东拼西凑为他交了捐官的银子。不是他父亲在世的时候没能再凑齐帮助儿子打点补缺的银子，而是嵇鹤龄是一个正派、固执的人，不愿处处拿银子办事，补缺的事情也就逐渐耽搁了下来。

由于心直口快、刚正不阿的性格，官场上的人往往不喜与嵇鹤龄来往，偶尔大家聚在一起商议大事的时候，喜欢唱反调的嵇鹤龄便会显得有如异类。怀才不遇的嵇鹤龄因为做人的棱角过于分明因而极少有人与他亲近，几乎每日只有夫妻二人在冷冷清清的房子里靠从父亲那里继承来的遗产和嵇鹤龄做事赚的零散银子来艰苦度日。

雪上加霜的是，婚后没有几年，嵇鹤龄的夫人不但没有为他生下一男半女，还因为体弱多病经常卧床不起。在王有龄刚刚接任湖州知府后不久，嵇鹤龄的夫人突然撒手人寰，这使得嵇鹤龄的处境变得更加凄惨。由于家中银两所剩无几，嵇鹤龄又不愿意将陪伴他多年的结发妻子草草下葬，他不得不翻箱倒柜将家里所有值钱的东西拿去当铺换了银子，总算是让妻子体面地下葬了。

一天，王有龄收到朝廷下发的公文，原来是有一个湖州辖区的小县城闹起了民乱，是有组织的抗粮叛乱，黄宗汉要求王有龄尽快将这件事处理好。因为是新晋知府，王有龄对湖州辖区的情况还不是十分了解，也没有处理这种事情的经验，情急之下便派人将湖州当地大小官员和捐官等缺的人全部找来商量对策。

王有龄将公文上所说的平定乱民一事向大家说明之后，各县县令多是支支吾吾随声附和，所说之辞没有半点实际意义，这让王有龄感到一筹莫展。这个时候，一直坐在角落里默默无闻的嵇鹤龄看到大家都不说话了，便站起来拱手道："嵇某不才，不知王大人是否愿意听听在下的意见。"

"但说无妨。"

"在嵇某看来，民之所以乱多是因为单纯的欲求不满或是度日艰难，或是对朝廷的某些做法感到愤恨。若是真刀真棒地将这一批乱民镇压下去，并不会解决根本问题，反而可能会激起更大的民愤。如此说来，大人不如先想办法安抚乱民的情绪，待时机成熟再将乱民的头目拿下，定然能够顺利平乱而不留后患。"

听了嵇鹤龄的话，王有龄也觉得很有道理，当晚一番商议之后便将召来的人遣散，连夜赶到胡雪岩的家中继续商议。王有龄将嵇鹤龄的想法说给了胡雪岩听，胡雪岩听罢连声说"妙"。实际上嵇鹤龄这种先礼后兵的处事方法与胡雪岩的做人原则是不谋而合的，用这种方式解决问题往往能获得双赢的效果。

王有龄按照嵇鹤龄的想法差人去平定乱民，结果大获全胜，三下五除二就擒住了乱民的头目，原来是个爱搬弄是非的和尚。没有了头目，乱民也便没人再提抗粮的事，这件事就这样不了了之了。事毕，胡雪岩找到王有龄说道："王兄，那个嵇鹤龄现在是什么官位？"

"哪里有什么官位，与我当年一样，坐在"冷板凳"上等着补缺呢。"

"哦？既然如此，王兄为什么不拉他一把？现在海运使的位子不是空着呢吗？"

"雪岩老弟有所不知，这嵇鹤龄为人刚直、清廉，不肯收受别人半分银钱，也不愿拿银子上下活动，我是想帮也帮不上啊。"

"若是不能帮他补上实缺，也可以拉拢过来留在身边帮王兄弟出谋划策啊。"

"我也曾这样想过，只是那嵇鹤龄素来对攀权附势这种事情都十分不屑，很难说动啊。"

"不如这样，待我去会一会这个嵇鹤龄，摸清了他的情况再帮王兄撮合。"

"如此甚好！"

胡雪岩先是差人暗中调查了嵇鹤龄的情况，发现他新近丧妻，为了办丧事典当了不少东西。得知这一情况之后，胡雪岩派人将嵇鹤龄的当票全部赎了回来，装在一个信封里，换上一套素净的衣服，径直来到了嵇鹤龄的住处。

院门没有人把守，实际上因为经济拮据，嵇鹤龄从来没有请过什么用人。门是虚掩着的，胡雪岩轻轻推开院门，见屋前挂着白色的帐子和绢花，丧事才办完没几天。胡雪岩见没人出来，便轻声问道：“嵇鹤龄嵇先生可在家？”

不一会儿，嵇鹤龄从书房出来查看：“敢问贵客尊姓大名？找嵇某有什么事情吗？”

胡雪岩拱手道：“在下阜康钱庄胡雪岩，慕名前来拜访嵇先生。”

“胡雪岩？找我有什么事情吗？”嵇鹤龄直接问道。

胡雪岩见嵇鹤龄果然如王有龄之前所讲，连一句寒暄话都没有，说话直截了当，自己也不好拐弯抹角，便说：“胡某素爱结交朋友，知府王大人曾多次提起嵇先生，才略过人而且刚直不阿，令人敬佩，故胡某冒昧来访。”

胡雪岩说毕看向灵堂的位置，径直走过去上香行礼，嵇鹤龄见状赶忙回礼，将胡雪岩让进了书房，想要倒茶却发现家中没有一点热水，顿觉十分窘迫难堪。胡雪岩连忙说道：“嵇先生不必客气，我这里有一样东西要交给先生。”说完，胡雪岩从袖筒中掏出那个装着当票的信封交给了嵇鹤龄，嵇鹤龄看到一张张已经结清的当票，顿时不知说些什么好。依嵇鹤龄的性子，若是胡雪岩拿出银票塞在他手上，他会立即送客；但胡雪岩的做法却让他很受感动，套用一句现代话来说就是“理解万岁”。

胡雪岩见状说道：“嵇先生一身才学却无用武之地，实在是太可惜了。不知嵇先生是否愿意在王大人左右帮忙出谋划策，也好让您这一身才学能真正造福于百姓。”

嵇鹤龄听了这话甚是感动，虽然没有立刻答应，却已经对胡雪岩有了十分的好感，两人又到附近的小馆子里小酌了几杯，聊得甚是投机，最后还以天地为盟结拜了兄弟。后来嵇鹤龄在胡、王二人的帮助下补上了海运使的缺，又经由胡雪岩介绍添了一房新夫人，生活逐渐走上了正轨，三人之间的关系也越来越好。自此，有了嵇鹤龄的帮助，王有龄的仕途也更加顺畅了。

第三章

当机立断，认准的事就敢豁出去

第一节　利用王有龄，大获全胜

话说王有龄上任湖州知府后便从杭州搬到了湖州居住，与他相关的一切大小事宜也都一并“搬”到了湖州。在出发赴任之前，最让王有龄为难的就是胡雪岩，他当然想带着胡雪岩一起到湖州去，不过，胡雪岩是个商人，在湖州没有生意又怎么会愿意去呢？思前想后，王有龄觉得还是应该找胡雪岩谈谈这件事。

两人约在一家馆子吃涮羊肉，酒过三巡之后，王有龄面露难色地说道：“雪岩老弟，若是我到湖州赴任，身边没了兄弟你的出谋划策，总是有种前途未卜的感觉啊。”

“若是王兄去了湖州而不能经常见面，雪岩也觉得很遗憾啊。”胡雪岩应声道。

“老弟愿不愿意跟我一起到湖州赴任？”王有龄瞄了一眼胡雪岩。

“王兄去湖州是去做知府，雪岩去那里做什么？”胡雪岩略有不解。

“这个问题我想过了，雪岩老弟可曾想过在湖州设立个阜康钱庄的分号？待我到湖州上任之后，肯定经常会有大笔的银子过手或是进账，没了老弟的支持我定会一时间忘了分寸。若是老弟愿意在湖州开个分号，我们便可继续合作，老弟的生意也不会耽误。”王有龄说道。

胡雪岩想了想说：“这倒是个不错的办法，那我随王兄一起前往湖州便是。”

胡雪岩与王有龄一起走水路去湖州，到了湖州临岸的地方，忽闻阵阵轻柔的歌声，循声望去，原来岸上是一片郁郁葱葱的桑林，隐约见几个年轻的姑娘正在用纤纤玉手采摘新鲜的桑叶，边采边唱着当地的小调。船家张老汉是一位头发花白的老人，看见两位客人被歌声所吸引，便解释道：“湖州盛产蚕丝，家家户户都养蚕，采桑叶也便成了平民百姓平日里最普通的营生。”

胡雪岩曾经协助王有龄处理运粮之事，只知道湖州盛产稻米，却不知蚕丝也是这里的主要产业。张老汉忽然指着岸上一个身着深蓝色粗花布衣裳的女孩子说道：“那个个子不高的女子是我的三女儿，我在外跑船，家里的老婆和未出嫁的女儿也养了些白蚕，抽些蚕丝去卖也能赚些银子。”

“若是家家户户都养蚕抽丝，这么多的丝都卖给谁呢？能卖上价钱吗？”身为商人的胡雪岩对各种生意都有一定的兴趣。

“蚕丝再多也能卖得出去，价钱也都很高。”张老汉骄傲地答道。

“却是为何？”胡雪岩追问道。

“来湖州收购蚕丝的人不仅仅有来自大江南北的传统丝商，洋人对蚕丝也是极喜爱的，洋人买蚕丝往往不计价钱，只要是好丝，都肯出高价。”张老汉说道。

听了这番话，胡雪岩若有所思，他开始暗自思忖，自己开办了多年的钱庄，是不是应该尝试往其他领域发展一下？做商人的不应该挑行业，过去自己只能开钱庄是因为没有本钱，只有钱庄伙计的“手艺”，现在有了本钱，在别的行业做一点投资也很不错啊。

一下船胡雪岩就马不停蹄地开始运作阜康钱庄在湖州开分号的事情，

同时也关注着湖州的蚕丝贸易，准备在这里做一笔蚕丝生意。为了更好地了解湖州的蚕丝市场，胡雪岩准备从最底层的养蚕户开始调查，他的第一站便来到了那天摆渡他和王有龄的船家老张家中。

胡雪岩先是买了两坛好酒，在傍晚时分到江边寻找老张的渡船。看见老张正在那里收拾东西准备回家，胡雪岩便上前拱手道："张老伯可是收工了？"

张老汉抬头看见胡雪岩先是愣了一下，随即一拍脑门笑道："您是那天搭船的胡雪岩胡大人吧？"

胡雪岩谦虚地说道："我可不是什么大人，不过经营了一个小小的钱庄。"

"那就得称呼您为胡老板才合适，哈哈……"

"张老伯说笑了，叫我小胡就好。"

"那怎么能行，老板就是老板，哈哈……胡老板这是来遛弯儿吗？"

胡雪岩笑了笑说道："雪岩是来找老伯拉家常的。"

张老汉听后有点不敢相信："胡老板说笑了，您这样大富大贵的人物能见面打个招呼就算是看得起我们这些卖苦力的了，哈哈……"

胡雪岩晃晃手中的两坛酒说道："雪岩专门带了酒来，可否到老伯家中讨些下酒菜？"

听了这话张老汉，受宠若惊地放下手中的东西拱手道："承蒙胡老板这么看得起我老汉，真是我上辈子积下的福分，待我收拾完手里这点活，劳烦胡老板等上一会儿。"

很快，张老汉干完了手里的活儿，将胡雪岩一路引进了自己在深巷里的小院子。屋里的两个年轻姑娘是张老汉的二女儿和三女儿，都还没有出嫁，在家中与母亲一起养了不少桑蚕。女孩儿们一见家里来了陌生的男客人，都躲到厢房里去了。张老汉让媳妇准备了几样乡野小菜，请胡雪岩坐了下来，两人随即开始推杯换盏边吃边聊。

胡雪岩知道像张老汉这样的市井平民平日里为人处事都是十分诚恳、老实的，也就没有拐弯抹角，直接向张老汉说明了自己的来意："实不相瞒，雪岩此次前来是想了解一下养蚕户的情况，看到湖州的蚕丝生意做得这么大，雪岩不禁有点手痒，也想做上一笔蚕丝生意。"

"这容易，您想知道什么尽管问吧！"张老汉一拍胸脯道。

胡雪岩与张老汉推杯换盏，一直聊到了深夜才告辞离开。从张老汉那里胡雪岩了解到很多关于蚕丝生意的有用信息，从湖州的养蚕规模到出丝季节，再到价格变动的前后规律以及收购、买卖蚕丝的基本流程都已经被胡雪岩摸了个八九不离十了。不过，胡雪岩并没有马上把银子投到蚕丝生意中，而是找到了王有龄进行了一番商议。

胡雪岩想要做买卖蚕丝的生意，从这个角度来讲，若是能把整个湖州的蚕丝掌握在自己的手中再向外销售，价格方面就可以有很大提升。不过，想要掌握住整个湖州的蚕丝当然是不太可能的，但是胡雪岩可以成立一个商行，以自己的阜康钱庄为依托，直接用现银向最底层的桑蚕养殖户高价收购蚕丝，这样省去了很多中间环节，养殖户也会更愿意把蚕丝出售给他。只要胡雪岩能掌握住绝大部分蚕丝的收购，当洋人再来湖州购买蚕丝的时候就必须直接跟他谈判了，价格方面也会有所突破。

胡雪岩找王有龄商议的不是别的事情，正是资金的问题。想要大规模地收购蚕丝需要大量现银，钱庄虽然有很多现银，但是那毕竟是另外一个生意，生意都有运作的规律和原则，因此蚕丝收购方面还需要有从别的渠道进来的银子作保才好。

胡雪岩把自己的想法跟王有龄说过之后，王有龄已经明白了他的意思：胡雪岩已经在湖州开办了阜康钱庄的分号，若是自己把湖州府的库银交给胡雪岩的钱庄保管和打理，就相当于把整个库里的银子借给了胡雪岩，只要不出什么意外，这个借本牟利的办法还是十分可行的。

不过，湖州府的库银并不是直接交给王有龄管理的，朝廷为了避免地方官吏官银私用的现象，司库的人员都是独立选派的，此时若是王有龄想要将库银存入阜康钱庄，必须过司库这一关。王有龄初来乍到，论资历还比不上司库，只有想方设法把司库“拿下”变成自己人才能实现胡雪岩的想法。王有龄将自己的忧虑说给胡雪岩，却没想到原来早在王有龄来湖州赴任之前，胡雪岩就已经差人拿着银两将湖州府上下打点过了，用的是王有龄的名义。现在只要王有龄与司库单独谈谈就有很大的机会能够将这件事情办成。

王有龄立刻差人送去请帖，请司库到知县府中一叙。司库自认为收过王有龄的好处，对他甚是恭敬，得知王有龄想要将库银存入阜康钱庄之时并没有直接反对，不过也面露难色地讲明自己的苦衷：若是这库银在外发生什么差池，自己的饭碗定是不保，说不定还会有牢狱之灾。

为了打消司库的疑虑，王有龄特意给胡雪岩和司库约了饭局，胡、王二人通力合作，总算是说服了司库，胡雪岩的蚕丝生意也顺利地展开了。

第二节　抓住时机，做生丝生意

湖州素来盛产稻米和蚕丝，胡雪岩曾经在海运办帮助王有龄处理运粮的事情，对湖州的稻米有一些了解，不过，对蚕丝他就一窍不通了。好在胡雪岩能放下身段虚心好学，找到撑船的老汉详细了解了湖州蚕丝产、销的大概情况。从流通环节上来说，蚕丝生意其实并不复杂，从生产到收购再到转卖，胡雪岩想做的就是其中类似于中介的环节，现在也称作贸易商，就是从养殖户手里收购零散的蚕丝，再向外成批销售，以从中谋取利润。

一切打点妥当，胡雪岩的丝行在隆隆的鞭炮声中正式挂牌营业，只等养殖户上门来销售蚕丝。胡雪岩已经做好了打算，现在市面上好蚕丝的收购价大概是二两银子，他准备往上浮两钱，希望能够笼住养殖户的心。不过，让胡雪岩感到奇怪的是，从开门到关门整整一天的时间竟然没有一个养殖户前来销售蚕丝，更不可思议的是，当伙计看到有养殖户带着蚕丝从店门经过时便主动上去报价，这些养殖户却只是稍顿一下就径直走掉了。

一连几天都是这种冷冷清清的情况，让胡雪岩百思不得其解。这天，胡雪岩一大早赶到丝行，并没有进铺子，而是在丝行的斜对面站着观察情况。不一会儿，伙计看见一个头发花白的老太太手里拎着两筐蚕丝蹒跚而来，连忙上前询问是不是卖丝，并报上了自家的价格，面对诱人的报价，老太太停了停，然后叹了口气，摇摇头走了，只剩伙计茫然地站在原地。

胡雪岩轻轻走到老太太身边，拱手道：“这位老人家不是要卖丝吗？”

“是的，确是要卖丝的。”老太太边走边说。

“眼前不就有一家丝行吗，何苦还要蹒跚远行呢？”胡雪岩继续问道。

“先生有所不知，这家出价高，老妇当然想卖，但是，在湖州，农户的蚕丝是不能随便卖给外人的。”老太太摇着头说。

“外人？是说不是湖州本地人就不能开丝行吗？”胡雪岩感到不可思议。

“这外人并不是指外地人，在湖州开丝行是要经安顺堂允许的，若是我今日在这里卖了蚕丝，安顺堂的人一定不会放过老妇的，唉……”老太太叹着气走了。

“安顺堂？”胡雪岩在开设丝行之前仿佛在哪里听到过这个名字，当时并没有太在意。胡雪岩马上差人四处打听，想要弄清楚安顺堂与湖州丝业之间的关系。原来，这安顺堂像上海的小刀会一样，是一个地方势力组织。由于这个安顺堂上百年来一直存在于湖州，连朝廷也拿它没有办法。湖州的丝业利润相当可观，安顺堂便逐渐在湖州将这个行业垄断，无论是谁想要在湖州开丝行都必须要得到安顺堂的同意。胡雪岩初来乍到，还没有搞清状况就贸然开办了丝行，被安顺堂视为眼中钉。不过，碍于胡雪岩有新任知府王有龄在背后撑腰，安顺堂并没有做什么出格的事，只是告诉所有的养殖户一律不许将蚕丝销售给胡雪岩的丝行。

弄清楚事情的来龙去脉之后，胡雪岩并没有想拿王有龄的知县身份来压制安顺堂，而是准备入乡随俗，亲自去拜访安顺堂的主事，打消之前的误会。对胡雪岩来说，丝行既然已经开业，就一定要做下去，即便有再大的误会也一定要解决才行。

安顺堂插手蚕丝生意自然是为了获利，胡雪岩便差人备下了两千两银票和几件金器作为礼物，亲自到安顺堂拜访时任主事金麻子。这个金麻子原名叫什么已经少有人知道了，一方面是因为道上混的人多喜欢用这种外号作为称呼，另一方面是因为“金麻子”这个外号的来历非同寻常。

金麻子的脸上本来并没有麻子，却有着十几个大大小小、深浅不一的小坑，远远看去就像脸上长有很多大麻子一样。金麻子出生的时候是个细皮嫩肉、白白胖胖的大小子，脸上的小坑并不是与生俱来的，也不是出什么意外造成的。说起金麻子脸上的小坑，还得从十几年前安顺堂的几个兄弟因事被官府羁押说起。

那个时候的金麻子才三十出头，却已经凭借过人的胆识坐上了安顺堂的主事。那一日，安顺堂一位兄弟李三的老婆受到了当地一个士绅儿子的调戏，李三当然不干，带着十几个兄弟便到士绅家中一通乱砸，将士绅的儿子打了个半死。那个士绅与当时的知府是亲戚，知府受压不得不派人将李三等十几个人抓获归案。金麻子听说了这件事立刻赶到了府衙，向知府说明原委，为自己的弟兄鸣冤。知府原本对安顺堂都是礼让三分的，这次迫于士绅的压力却也不能将事情随便敷衍过去。

待到知府大人亲自升堂，金麻子一再替兄弟作保，希望知府可以高抬贵手。但是当时的安顺堂还只是普通的帮会，并没有很多银钱可以给兄弟作保，知府见他一介士夫，便笑道：“你准备拿什么作保？”

金麻子想了想，突然从腿上拔出尖利的匕首，在自己的脸上剜了蚕豆大小的一块肉，一时间鲜血顺着脸颊直淌下来。在场的人对金麻子此举无不大惊失色，金麻子拿着剜下来的肉说道：“我用这块肉为兄弟担保，一共十三个兄弟，我便剜十三块肉。”说着又硬生生从脸上剜下了另一块肉。知府大人见状也是目瞪口呆，叹了口气说道：“你不必再自残了，我放了你的兄弟便是。”没想到那金麻子并不买账：“一共十三位兄弟，金某必然要剜下十三块肉。”说罢便继续用尖刀在脸上比划着，直到脸上出现了十三个小坑才罢手，鲜血流了府衙一地。伤愈后金麻子的脸上留下了十三个坑状的伤疤，人们便慢慢喊起了“金麻子”这个名字。

胡雪岩在差人打探安顺堂底细的时候听说了金麻子的这个故事，便觉得这绝对是一个可以结交的人，胡雪岩虽然不会像金麻子那样办事莽撞，却也是一个肯为朋友两肋插刀的人，金麻子虽然是一个粗人，胡雪岩却十分欣赏和佩服他的忠肝义胆。此次前去拜访金麻子，胡雪岩深知金钱是解决不了根本问题的，一定要用情义打动金麻子才能成事。

胡雪岩在安顺帮一位兄弟的带领下见到了大名鼎鼎的金麻子，只见他黝黑的脸上布满了大大小小的肉坑，一见之下确实有些恐怖，加上眉宇间闪烁着的坚定和凶狠，着实让人敬畏。胡雪岩见金麻子既不说话也不看他，便上前一步拱手道：“在下胡雪岩见过金主事。”

那金麻子眼皮也不抬一下说道：“金某不认识什么胡雪岩。”

胡雪岩马上满脸堆笑地说：“一回生、二回熟，雪岩素来喜爱结交江湖义士，听闻金主事的侠肝义胆，特来交个朋友，不知道金主事可否赏脸。”

“哦？交朋友也是我金某的爱好，不过，你算什么东西要跟我交朋友？”金麻子不领情地说。

胡雪岩见状知道这金麻子不好对付，说话便更加谨慎小心："实不相瞒，想必金主事也听闻了我的丝行开业这件事。雪岩疏忽，忘了入乡随俗这一说，只道有生意大家都能做，却不想冒犯了安顺堂，实在是失礼。雪岩今天来先是要赔罪，若是能有幸与金主事攀个朋友就再好不过了。"胡雪岩边说边递上了两千两银票和那几件金器。

金麻子看了银票上"阜康钱庄"的号，问道："听说这阜康钱庄是你开的？"

"雪岩不才，这阜康钱庄确是小人的。"

"既然是开钱庄的，为何只拿两千两银子送礼，未免过于小气。"金麻子翻着白眼说。

胡雪岩马上答道："雪岩听闻金主事是重义不重钱的忠义之士，只怕送银子会辱了金主事。不过在下毕竟是开钱庄的，两千两银子只是聊表心意。"

金麻子笑了两声道："金某确是不缺钱用，不过你既然是带着银票来赔罪的，若是我不收，你的罪便也不可赦。你且说说你错在哪里。"

"雪岩没有经过安顺堂的同意便私自开设丝行便是大罪。"

"知道就好。我们安顺堂并不想用暴力服人，只是若是你想用王知府做后盾在湖州丝业中搅局的话安顺堂是决不允许的。"金麻子斩钉截铁地说道。

"雪岩自然明白，况且雪岩从来没有想过让任何人做自己的后盾，只是出于一个商人做生意的意愿，却不想冒犯了安顺堂，雪岩实在有罪。"

"好了，不必说了，我收下你这银票和金器便是，之前的恩怨一笔勾销。虽然说我们安顺堂素来不畏权势，却也不想跟知府大人疏远。"

“雪岩曾听闻金主事剜肉救人的义举，十分钦佩金主事的胆识和义气，不知可否与金领事交个朋友？”

金麻子笑了笑，道：“朋友可不是随便交的。来人，上酒！”金麻子吩咐手下端来了两碗白酒，摆在胡雪岩面前说道：“人和人之间的缘分是天定的，你我二人是否有缘要看天意。这两碗酒中有一碗是毒酒，你随便选一碗来喝便是，若是喝过还活着，我就交你这个朋友。”

胡雪岩想也没想，端起手边这碗酒便喝了下去。原来胡雪岩早就知道江湖上有很多帮派用这种方法试探来者的胆量，两碗酒其实都没有毒，若是敢喝便能活命，若是不敢，即使不会遭遇不测，也会沦为义士之间的笑柄。果然，这一碗酒喝下去胡雪岩并没有什么不适，金麻子则拍手道：“好，看来你也是有一些胆识的。多一个朋友总好于多一个敌人，我金麻子就认你这个朋友了。”金麻子吩咐手下准备了一桌酒菜，留胡雪岩吃晚饭。酒饭过后，两人便算是正式地交了朋友。

第二天，胡雪岩按照安顺堂的意思，将收购蚕丝的价格恢复为跟别的丝行一样，这次价格虽然下调了，却开始有人送丝上门，胡雪岩的蚕丝生意总算是开了张。

第三节　同心协力，抵御洋商

虽然当时的湖州丝业有安顺堂在暗中安排，表面上看上去风平浪静、秩序井然，然而，多少年来湖州蚕丝养殖者和收购、倒卖蚕丝的丝行的利润却一直保持一种平衡，几乎没有怎么增长过。胡雪岩做了蚕丝生意之后发现了这个问题，感到一定是有什么东西影响和制约了湖州丝业的发展。经过一番调查，胡雪岩发现制约湖州丝业发展的正是洋人。

安顺堂虽然表面上管理湖州丝业，实际上却并没有半分经营天分，不过是一边看管着蚕丝养殖户一边看管着丝行，大家来来往往做生意，安顺堂从中收取维持秩序的好处费而已。当洋人来湖州收丝的时候，安顺堂便说不上话了，只能眼睁睁地看着狡诈多变的洋人随意定价将蚕丝收走，却不懂得如何帮助湖州的丝行跟洋人讲价、对抗，因此，长久以来湖州虽然蚕丝产量大、质量好，生产总值却基本没怎么增长过。

了解到这一情况，胡雪岩思虑一番之后找到了金麻子。

胡雪岩先是在湖州最好的馆子定了一桌饭，然后分别邀请王有龄和金麻子赴宴。几番推杯换盏过后，胡雪岩提起了今天的正题："很快又要到收丝、卖丝的旺季了。去年我看了洋人来收丝的情况，考虑着洋人给的价格未免太低。年初我曾派人去调查过洋人买售蚕丝的情况，原来他们确是那样的黑心。"

金麻子也很关注这件事，便关切地问道："雪岩老弟可打听到了洋人卖丝的价钱？"

胡雪岩答道："洋人从湖州买了丝，一般是直接装船，走海运运到国外的丝绸工厂，一担生丝可以卖到十几两银子。"

"哦？果真如此？这狗日的洋鬼子，他们从湖州收丝的时候才给二两银子！"金麻子气得直瞪眼。

"那有什么办法能改变这种现状吗？"王有龄插嘴问道。

胡雪岩想了一下说道："我有一个想法，还请两位帮忙看看是否可行。"胡雪岩顿了顿继续说："湖州丝业的秩序全凭安顺堂管理，不过，城中几家大的丝行并不十分听从安顺堂，总是为了避免洋人的订单先给别人而急于将自己收购的蚕丝出货，价格上当然是洋人说了算。若是湖州的丝行能联合起来统一定价以抵御洋商，定会有意想不到的效果。"

金麻子转了转眼珠说道："雪岩说得当然很有道理，实际上我们安顺堂早先也找过那些丝行，只是我们的兄弟去的时候他们答应得好好的，走后他们立马现出原形，只是口头上敷衍罢了，甚是难办啊。"

"目前确是这种情况，不过我们可以想个法子约束这些丝行。"

"哦，什么办法？"金麻子问道。

"此事若想办成，要我们三人通力合作才好。"

"雪岩，你就别卖关子了，直接说吧。"王有龄也有些着急了。

胡雪岩不慌不忙地说道："若想让湖州丝业在与洋人的商战中占得优势，蚕丝是最重要的武器。若是我们笼着蚕丝不卖，洋人收不到蚕丝自然会憋不住加价收购。"

金麻子摇摇头说道："这个道理谁都懂，只是如何才能让大家伙儿都笼住蚕丝不卖呢？总有那性子急的，担心蚕丝卖不出去变质了全砸在手里，若是洋人来了，有一家大丝行出货，其他丝行就会相继将囤积的蚕丝抛掉，算计了半天最后还是竹篮打水一场空啊，唉……”

“金主事不必担心，若是王大人能从中帮忙，事情就好解决了。”胡雪岩说道。

王有龄面露疑色地问：“我能帮上什么忙？朝廷现在对洋人在国内的贸易是没有太多限制的。”

“雪岩是这样想的，若是我们能用银子收购绝大部分湖州养殖户的蚕丝，将这个市场垄断下来，抛售价格就好说了，这就需要王大人……”

金麻子打断胡雪岩的话说：“这样恐怕也行不通，若是雪岩你将蚕丝全都收购了，那别的丝行不是就要关门了吗？”

胡雪岩笑道：“金主事且听我说完。我先是拿银子用高于市价的价格大肆收购蚕丝，其他丝行见状定然会坐不住，可能会找到安顺堂说事。这个时候我们就可以跟几大丝行坐下来谈判，动之以情、晓之以理，让几大丝行与我们一起共同抵御洋商。只要丝行愿意订立契约，在洋人前来收丝的时候一切听从我的指挥，我愿意把收来的蚕丝只加很小的差价转让一部分给他们，这样大家都有钱赚了。待今年的蚕丝生意结束，大家都尝到甜头，明年洋人再来购买蚕丝的时候各大丝行心中也就都有数了，自然不会再压价将蚕丝卖给洋人。”

“这样做确实应该会有效果，不过，这银子方面……”金麻子边说边看向王有龄。

王有龄笑了笑说：“全听雪岩安排，府中的库银暂且拿去用吧。”

“好，那就先这么定了！”胡雪岩高兴地说。

三人又是一番推杯换盏，直到喝得昏天黑地才在下人的搀扶下离开饭馆。

待到蚕丝收获的季节，胡雪岩从阜康钱庄和湖州府取了银票，直接到养殖户家中加价收购蚕丝，一时间半个湖州的蚕丝都掌握在他手中了。湖州本地的几大丝行看到胡雪岩如此疯狂地收购蚕丝，一时间不知道是何用意，等反应过来的时候蚕丝已经被收购得差不多了。几大丝行的老板纷纷来安顺堂找金麻子评理，金麻子只让他们暂且消了气，定了饭局邀胡雪岩前来说明情况。

“几位老板，胡雪岩这厢有礼了。”胡雪岩一进门便给在场的人行了礼。

李记丝行的李老板见状并不买账，气哼哼地说道：“胡老板不要在这里折煞大伙儿了，我们都快被你挤兑得没饭吃了！”

荣春丝行的王老板也附和着说：“胡老板胃口未免也太大了些吧，难不成想把整个湖州的丝业变成你自家的产业不成？”

几位老板东一句西一句地对胡雪岩表达着自己的不满，金麻子大喝一声：“好了！都先别说了！胡老板这样做自然有他的道理！饭菜准备好了，大家坐下边吃边聊吧。”

几个人围席坐定，李老板和王老板等几个人都不说话，只等胡雪岩给出合理的解释。胡雪岩给几个人斟满酒，端起自己的酒杯连喝三杯，然后放下酒杯说道：“胡某人的行动让几位老板受惊了，雪岩在此先自罚三杯，算是赔个不是。”

王老板冷笑着说：“不敢当啊。”

胡雪岩笑了笑，继续说道：“想必在座的各位老板都听说了我加价收购蚕丝的事情，雪岩之所以这样做，是事出有因的……”胡雪岩把自己派人调查洋人蚕丝销售情况的事情一五一十地跟几大丝行的老板交待了一下，然后问道：“几位老板难道就这么甘心让洋人吃肥的，我们自己就啃啃骨头吗？”

李老板红着脸说道：“自古以来生意就是这么做的！”

胡雪岩也不示弱：“商人做生意都是想把生意做活，不过湖州的丝业这样下去生意就会被做死。”

“恐怕我们还没把生意做死，就先被你胡雪岩给整死了！”王老板大声嚷嚷着。

“雪岩之所以这样做，就是想让大家想想，若是湖州的丝业都掌握在我一个人手中，价格是不是就是我说了算？”

几大丝行的老板面面相觑，不知道胡雪岩接下来要说什么。胡雪岩继续说道：“若是我们湖州的丝行能联合起来，大家统一战线变成一个人，价格不就是我们说了算吗？洋人出价低买不到蚕丝势必会抬高价钱。要知道，湖州的蚕丝是外商争相抢购的好货色，若是没有了蚕丝，国外不知道要倒闭多少家丝绸作坊。我相信只要我们同心合力，必然能共同抵御洋商，把可观的利润留在湖州而不是白白的让洋人带走。”

“胡老板的想法固然是好的，不过今年这种情况，恐怕只有你一个人能获得‘可观的利润’吧……”李老板的话也软了下来。

胡雪岩拿出一张事先写好的契约拍在桌子上说道：“若是各位信得过我胡雪岩，愿意在这个契约上签字画押，我就同意将收购来的蚕丝以极小的差价转让给各位。”

“这契约上写的是什么？”王老板立即问道。

“在洋人来收丝的时候，所有的丝行必须听我的安排，不得私自压价出货，仅此而已。”

几大丝行的老板想了想又商量了一下，迫于现在的形势，若是不签契约，今年的蚕丝生意就等于零，只能明年再作打算。李老板试探着问：“胡老板说话可算话，能将蚕丝以极小的差价转让给我们？”

“雪岩向来说到做到。”胡雪岩斩钉截铁地答道。

“若是有哪家丝行违反了契约怎么办？”王老板问道。

金麻子突然站起来说：“若是谁违反了这个契约，以后他就别想在湖州丝业混了！”

最终，几大丝行的老板还是同意在契约书上签字画押了，所有的准备工作都已就绪，只等洋人前来收购蚕丝。

往年来往湖州收购蚕丝最大的洋商是来自英国的一家商贸公司，每年的蚕丝收购都是由公司负责人捷波特直接进行的。与捷波特来往最多的湖州丝行就是王老板的荣春丝行。这一次，当捷波特首先找到王老板商洽以去年的价钱收购蚕丝时就碰了钉子。

“捷波特先生来了，真是有失远迎！”王老板每次见到捷波特的时候都十分热情。捷波特不懂中文，好在王老板在他来之前就请好了一位翻译。

“王老板，今年的蚕丝质量怎么样？”捷波特问道。

“荣春丝行的蚕丝向来都是湖州的上等货色，当然不会让捷波特先生失望。”王老板自信满满地说道。

“今年我准备订更多的货，大概要三船左右，价钱是不是可以再让一让？”捷波特直截了当地开始压价，这便是外国人做生意的习惯，无论什么时候都是直入主题，从不拖沓。

“捷波特先生有所不知，今年不同往年，湖州的丝业发生了一些变化。”王老板为难地说。

“哦？是什么样的变化？对我们的合作有影响吗？”捷波特问道。

“实不相瞒，现在湖州的蚕丝实行统一定价，若是捷波特先生在价钱上有什么问题是要找阜康钱庄的老板胡雪岩商量的。”王老板叹了一口气，其实，从他自身的角度来讲是非常希望将这一批蚕丝尽快出手的，无奈已经在胡雪岩那里签署了契约，不得不按照事先承诺的那样去做。

捷波特十分不解，见王老板态度坚定，几次试图协商也没能达到目的，只得暂时另做打算。捷波特并没有直接去找胡雪岩，而是先后找到李老板和其他几大商行的老板协商蚕丝收购事宜，得到的答复却都是“胡雪岩”这个名字。捷波特感到今年的蚕丝收购可能会掀起一场风波，休息了一天的时间之后便约了胡雪岩在茶馆谈事。

胡雪岩为了应对洋商残酷的杀价，已经提前把古应春从上海请到了湖州，希望他可以助自己一臂之力。胡雪岩接到捷波特的邀请，带着古应春从容地与捷波特谈判。

“听闻胡老板今年垄断了湖州丝业，早该来拜访，失敬，失敬。”古应春将捷波特的话翻译得十分准确，连语气都惟妙惟肖，听得胡雪岩直想笑。

“捷波特先生此来定是要与雪岩谈一谈今年蚕丝的价格吧？”胡雪岩慢条斯理地说。

“正是，我前天已经见过从前的合作伙伴王老板，他说不能按去年的价格走货了，并且告诉我如果在价钱上有什么问题就直接找胡老板您谈。”捷波特说道。

“洋人说话都不喜欢拐弯抹角，雪岩今天说话也想直接一点，请问捷波特先生将蚕丝运至英国可以卖到多少钱一担？”胡雪岩此话一出，捷波特立即感到了些许的紧张，原本觉得中国人是很好骗的，看来眼前这个人不一样，他好像已经掌握了一些关键信息，看来这次的谈判可能会对自己很不利。

“运到英国去要走海路，时间颇长，运费很高，到了英国销售完毕我也赚不了什么钱的。”捷波特想要跟胡雪岩周旋一下，并没有直接回答他的问题。

胡雪岩却没有理会这一套，直接说出了一个数字：“十三两，是不是？”

捷波特窘迫地笑了笑说道：“胡老板说笑了。”

“捷波特先生不用再狡辩，情况大概什么样我已经弄清楚了。蚕丝是湖州的支柱产业，多年来丝价一直维持在较低的水平是不正常的。若是捷波特先生今年仍然想从湖州购得上等蚕丝，必须要这个数。”胡雪岩说着伸出了四个手指头。

捷波特显然难以接受这个价格：“胡先生不是在开玩笑吧，这可是去年价钱的两倍。”

“没错，正是去年的两倍，即使这样，扣除海运的费用，蚕丝运达目的地之后捷波特先生也有二三两的赚头，这样不是对大家都好吗？”

捷波特感到十分气愤，想要一走了之，却又坐了下来，因为这两天接洽的几位丝行老板都说要由胡雪岩来定价。

“胡老板好像并不清楚蚕丝在国外销售的实际情况，这几年外国人对丝绸产品的需求正在逐年下降，蚕丝的价格也在降。”捷波特想要用一贯的伎俩来欺骗胡雪岩。

胡雪岩笑了笑，说道：“捷波特先生说笑了，若是需求量下降，先生此次来湖州为什么又追加了一船的上等蚕丝呢？”在捷波特来找胡雪岩之前，王老板已经将今年见到捷波特的情况一五一十地告诉胡雪岩了。

捷波特微微发抖，随后又克制住了情绪，说道：“既然这样，或许我们已经没得谈了，我只好去到其他地方试试收购蚕丝。”

“若是捷波特先生执意要放弃湖州的市场雪岩也不好强求，只是不知道其他什么地方能够出产像湖州蚕丝这样好的货色。”胡雪岩知道捷波特这样说只是讨价还价的另一种方式罢了。

当天的谈话并没有什么有意义的结果，胡雪岩却对今年蚕丝的出售价格十分有信心。第二天捷波特又找到胡雪岩，想要谈一谈蚕丝的价格，却发现有一位来自法国的客商正在胡雪岩的府上做客，谈论得当然也是蚕丝价格。眼见胡雪岩像昨天对待自己一样对待那位法国客商，捷波特知道今年的蚕丝价格很难再协商了，便答应了胡雪岩提出的四两银子一担的价格。

胡雪岩打赢了第一仗，既赢得了其他几大丝行老板的敬畏，又使得湖州的丝业锦上添花，一时间传为了当地的佳话。

第四节　镇压太平军，自练亲军

正当王有龄的湖州知府做得如鱼得水之时，从镇压太平军的前线传来了不好的消息——在上海遭到镇压的太平军正浩浩荡荡地挥军东进，经过数月的苦战拿下了浙江西部和北部的数座县城。原来，太平军设立在上海的地下组织小刀会遭到会员背叛，为官府提供了小刀会准备与太平军一起里应外合攻占上海的消息。一时间上海的大街小巷随处都能看见官兵审问可疑人员，小刀会的地下活动受到了极大的限制。

无奈之下，小刀会主事的刘丽川想要提前在上海揭竿起义撕开一道战事的口子，再与赶来的太平军一起攻打上海。没成想战事一起小刀会立刻遭到了在上海驻军的洋人的猛烈镇压，在太平军赶来之前差点被消灭干净，残余部队只得朝着太平军的驻地仓皇而逃。太平军看到洋人插手了攻占上海一事，知道自己的刀枪棍棒比不过洋人的手枪炮弹，便暂时放弃了上海，挥军东下，主打江浙。

自古以来战争与掠夺都是分不开的，太平军如此大张旗鼓地在江浙一带恶战，看中的就是这里经济发达和粮食充盈的特点，按照这个思路，湖州这个丝米之乡必然也是太平军最大的目标之一。

由于清政府多年来一直与太平军周旋，损伤的人力、财力不计其数，现已国库虚空，战事迟迟不能推进。与此同时，太平军的发展速度却加快了很多，迅速占领了一个又一个县城，所到之处虽不至于烧杀抢掠一空，却也让当地的民众胆战心惊，尤其是官吏和商人最为着急：一旦太平军攻城，官吏乌纱不保、商人钱财散尽是必然的。因此，太平军每到一地之前，当地很多官吏富商就会想办法尽量规避风险，有的直接打点行李逃到外省，有的则联合民众组织团练，准备用自己的力量抗击。

话说王有龄感到战事正在不断逼近湖州，像热锅上的蚂蚁一样坐立不安，迅速差人将县里的大小官吏和名人勇士召集起来商议对策。大家协商之后一致同意暂且招兵买马在湖州本地组织团练，以防战事逼近的时候朝廷无法派兵营救，嵇鹤龄还提出可以向洋人购买军火以增强民兵的战斗力。实际上，王有龄早就已经有了从洋人那里购买军火的打算，这还得从此时已经荣升为松江知府的薛焕说起。

小刀会在上海兴风作浪之时，薛焕还只是一个小小的知县，不过，他献计率川勇一千五百人随江苏巡抚许乃钊到前线镇压，联合洋人一起剿灭小刀会，因功被提升为松江知府。薛焕、何桂清二人关系甚好，因此王有龄与他也十分熟络。面对太平军东进的局面，王有龄曾多次修书给何、薛二人讨教应对方法，薛焕因亲眼见到洋枪洋炮的厉害，极力推荐王有龄到上海采购军火以为抗击太平军做最有力的准备。王有龄思来想去，太平军人多马壮，若是真刀真枪地干，小小的湖州肯定是抵抗不住的，倒不如听了薛焕的意见，给县里的团练配上先进的洋枪洋炮，这样或许还有胜算。

事情敲定之后，王有龄便找到胡雪岩，一方面希望他能够帮助组织团练，另一方面想要从阜康钱庄借钱置办洋枪洋炮。胡雪岩深知战事一起自己的一切营生都将化为乌有，因此十分积极地帮助王有龄准备抗敌的大小事宜。时间紧迫，购买军火的担子沉重地压在胡雪岩的肩上，他不敢耽搁，草草收拾了几件衣服，带上随从便朝上海去了。因为要跟洋人谈生意，语言障碍必须要解决，所以在临行之前胡雪岩想要在湖州找一个懂洋文的人，却没有一个合适的。到了上海，胡雪岩经人介绍找到了早年上过洋人办的教会学校，后又在洋行做事的古应春帮忙。这个古应春不但精通洋文，人也十分机灵，胡雪岩现在需要的正是这样的人。

更加凑巧的是，古应春刚好知道有一个洋人准备将手中的洋枪出手，苦于没有出价高的买主，正请他帮忙留意呢。当胡雪岩找到古应春的时候两人一拍即合，迅速找到了那个洋人，三人约在一家茶馆商议买卖军火的相关事宜。

洋人做事古灵精怪，经常把没的说成有的，把死的说成活的，古应春深知这一点，于是事先提醒胡雪岩在讨价还价的过程中一定不要被洋人的阵势唬住，他自己也会帮助胡雪岩尽量往下压价。

果不其然，那个洋人得知胡雪岩主动联系想要买他手里的洋枪，便装出一副玩世不恭的样子，说是这批枪已经有人预定了，他不好推脱。胡雪岩和古应春都猜想这应该只是一种说辞罢了，实际情况是这个洋人看胡雪岩要枪要得急，想要在价格上敲个竹杠。胡雪岩根本不吃这一套，只请古应春将自己的真实意思翻译给洋人听。没想到那个洋人也不买账，还是坚持要每把枪三十两银子，不然就免谈。经过古应春的一番深入了解，原来这批军火确已被人预定了，预定者不是别人，正是太平军。

胡雪岩一听说太平军也要购买洋枪，感到有点不安，但随即又轻松起来，他想到小刀会刚刚被剿灭，太平军的人马暂时不敢接近上海，若是他们想要从上海购买军火，必然要差人从上海把枪械秘密运至远方的驻地，眼前这个洋人若是这样做生意的话很有可能赔了夫人又折兵——枪械半路被劫的话他一个子儿也拿不到。胡雪岩让古应春把自己的看法如实地翻译给那个洋人听，只见洋人眼珠子转了几下，长出了一口气，显然是开始动摇了。

胡雪岩又让古应春将自己的背景说给洋人听：第一，胡雪岩是代表湖州向洋人购买枪支，比起叛军来说，显然是与清政府的合法衙门合作更加稳妥；第二，胡雪岩自己就是开钱庄的，生意一成绝不会拖欠货款，而且以后没准还能发展成长期的合作伙伴；第三，胡雪岩亲自来到上海购买军火，一手交钱一手交货，避免货到付款产生的运输风险。洋人听了胡雪岩的话，考虑了一下便伸出了右手，古应春赶忙让胡雪岩也伸出右手与洋人握手，这个动作就表示生意成了。

胡雪岩此次一共购买了洋枪五百支，花费银子一万两，在上海找了可靠的人一路颠簸以最快的速度运回了湖州。王有龄见到胡雪岩满载而归甚是高兴："雪岩此去辛苦了！"

"王兄，这次多亏一位名叫古应春的侠士帮助，总算是顺利地买回了五百支洋枪。不过，还有一事雪岩觉得亟待解决。"

"哦，是什么事情？"王有龄有点摸不着头脑。

"我在上海顺便去拜访了薛焕薛大人，一方面是出于礼貌，另一方面也想当面请教一下抵御太平军的事情。"胡雪岩答道。

"如此甚好，薛大人如何看待我们的准备？"王有龄也很想听听薛焕的意见。

"薛大人对于我们训练民兵、购买洋枪是十分认可的，不过，他也提出了一些中肯的意见，的确值得我们担忧。"胡雪岩顿了一顿："买了洋枪却不能很好地使用洋枪。”

王有龄眉头皱了一下：“这的确是个大问题。”来回踱了几步之后，王有龄道：“能不能从什么地方请一位会使用洋枪的洋人来给民兵做一些指教？”

胡雪岩道：“雪岩也这么想过，不过，洋人未必愿意来湖州教授技法，我们也许可以选派几位精明能干的民兵前去上海学习，掌握要领之后再回到湖州教授其他民兵。”

“还是这个办法好。叫洋人直接过来教势必有一大部分人不能很快学好，不如自己人教自己人来得方便。”

“这件事王兄就交给我办吧，雪岩可以带人到上海，再请古应春帮忙。”

第五节　借左宗棠之力，组建洋枪队

其实，胡雪岩在上海置办洋枪顺便前去拜访薛焕的时候，薛焕建议胡雪岩直接聘用上海的洋枪队，并美其名曰“借师助剿”。太平军近在眼前，这个时候训练民兵如何使用洋枪并不太现实，虽然可以教会如何装卸子弹和如何扣动扳机这些基本动作，不过，准头是需要通过常年的训练才能掌握的，因此，这样潦草的训练民兵使用枪械，在大敌当前的时候也只能发挥洋枪极小的一部分威力而已。

不过，洋人向来是自高自大、不屑与中国人合作的，况且，上海、广州的洋人租界都是被占领去的，若是直接聘请洋枪队，说不定太平军还没打，国土就先被洋人占领了，这的确是一个尴尬的问题。不过，胡雪岩从与洋人谈生意的情况来看，洋人还是比较注重承诺和交易规则的，若是事先讲好各种条件，并且条条办到的话，跟洋人谈合作也未尝不可。

不过，单以湖州的财力还不足以直接聘用洋枪队，王有龄只好先在湖州选派几个身手好、机灵能干的民兵前往上海学习使用洋枪。

太平军这个时候已经在杭州附近了，不过迫于清军的压迫正在打回头仗，并没有立即攻打杭州。王有龄整日提心吊胆，只好加紧城内团练，随时准备应战。就这样一直等到第二年秋天，太平军终于发动了对杭州的攻势。太平军是从陆上杀过来的，一时间杭州城三面均被包围，只有靠海的堤坝比较难攻而少有人把守。虽然王有龄训练了一年多的团练民兵已经学会了使用洋枪，但是子弹是有限的，加上真的上了战场很多人因为没有经验而迅速受伤牺牲，官兵只得不断撤退。

由于杭州城被团团围住，城内官兵和居民只能靠库粮艰难度日，眼看粮草一天天就要被消耗殆尽，王有龄心急如焚，迅速找来胡雪岩商议对策。

“雪岩，现在的形势十分糟糕啊，若是这样继续被太平军围下去，城中官兵和百姓都得被活活饿死啊，这可如何是好？”王有龄一边说话一边在房内踱来踱去，一刻也不能停下。

“王兄，此时唯一的办法就是尽快派人到城外运送粮草进来。虽然三面被围，不过太平军不善水战，可以走没被围死的海路。”

“我也正有此意。雪岩，你是我最信得过的人，可否愿意帮我前去办这件事情？”

“为王兄两肋插刀是自然的，只是，我离了城便少个跟王兄推心置腹的人，我担心王兄的安危啊。”

“我的安危是其次，城中已经饿死了不少百姓，晚一天就会多死很多人。这时候派别人出去就不一定再回来了。雪岩，我最信得过你，这件事非你去不可。”

胡雪岩见不好再做推辞，便将这件事应了下来，连夜收拾行囊出发了。其实，王有龄一方面希望胡雪岩真的能将粮草运来解困，另一方面也是不愿兄弟与自己一起被困死在城中。当年何桂清在太平军的攻势下仓惶出逃，沦为了不仁不义之人，最终被朝廷治罪斩首。人固有一死，王有龄不想像何桂清那样做逃兵，却又对眼下艰难的形势无能为力，日不能食、夜不能寐，眼见着已经快不成人形了。

胡雪岩离开杭州之后迅速备好了粮草，又购买了一批洋枪，托人走海运向杭州城运送粮草。遗憾的是，粮草还没有运到，一个噩耗传来——杭州城被太平军攻陷，王有龄以及战败的几位将军以身殉职。

胡雪岩想到王有龄自杀前的绝望和死后无人送葬的悲惨境地感到悲痛万分，却又无能为力，只得向着杭州城的方向敬酒、叩头，聊表对故人的哀悼。目前有一个更大的问题，就是此次押送的粮草和洋枪已经失去了目的地，必须重做打算。考虑到当时战事的范围，只有左宗棠领导的湘军近在眼前，失去了王有龄这位官场伙伴，胡雪岩也必须要考虑自己的下一步，几经思忖，他最后决定将这二十船的粮食直接运到江西左宗棠的驻地。

对于在前线打仗的军队来说，粮草向来都是重中之重，洋枪更是不可多得的武器。胡雪岩正是考虑到这一点才让船队开向左宗棠的驻地。因为王有龄辖区的库银都是存在阜康钱庄的，这批粮草和军械花费的银子也是出自库银，虽然杭州城被攻陷了，粮草却还必须交到官府手里才好。从浙江到江西，即便是水路也并不安全，好在胡雪岩早在船上安排了洋枪队护航，太平军的几次拦截都被击退了，船队最终还是开进了左宗棠的驻地。

听说有商人运粮草和枪械到军营来，左宗棠感到十分新鲜，运送粮草向来都是十分危险的旅程，并且多由朝廷直接出面命官兵一路护送。船一靠岸，左宗棠便命人将胡雪岩带来见他。

一见面，左宗棠先是将胡雪岩上下打量了一番，然后直截了当地问道：“粮草是你运来的？”

“是的，大人。”

“是谁命你运送粮草至此？”

“大人请恕小人直言，这批粮草和洋枪原本不是要运到大人的驻地，而是要送进杭州城的。小人与杭州知府王有龄王大人是生死之交，杭州城被困之时，王大人命小人出城寻找粮草，却不想船队刚上路就听说杭州城被太平军攻陷，王大人也以身殉职。粮草和洋枪均为官银采购，小人听闻左大人正在江西驻军，便命船队一路前进，将粮草和洋枪运送至此……”胡雪岩一五一十地将自己离开杭州城之后的行动全部告诉了左宗棠。

“如此说来，胡老板还是一位义士，失敬！”左宗棠站了起来，命令身边的士兵给胡雪岩看座，引胡雪岩坐了下来。“不瞒你说，我的驻地粮草很快就要耗尽了，给朝廷送去的催粮信件已经不知道有多少封了，却不见有半个人前来送粮，现在有了你这二十船的粮草，总算是能再安心打上几仗了。只是，胡老板怎么还做起了买卖洋枪的生意？”

胡雪岩听了这话，又想起了当年买卖第一批五百支洋枪的事情来。那个时候薛焕和王有龄都曾提起过若是朝廷能够在武器装备上下点功夫，组织个洋枪队什么的，战事也许很快就能平息了。不过，二人几次为此事上书却都犹如石沉大海，没有半句后文。原来是曾国藩从中作梗。

当时的太平军信奉来自国外的宗教，曾国藩对此很是嗤之以鼻、唾弃不已。当王有龄和薛焕上书“借师助剿”时，曾国藩第一个反对，凡是与洋人沾边的事情他都十分不屑。曾国藩在治兵方面很有一套，拥有一支训练有素、骁勇善战的湘军，他认为只要用心就能够训练出精锐部队，增加杀敌的成功率，完全不用谈及跟洋鬼子合作。

除了曾国藩的反对以外，还有一点是阻碍成立洋枪队的关键因素——国库虚空。成立洋枪队需要花费大笔的银子用来购买军械，还要花大价钱请洋人指导训练，连年的战乱和灾害使得朝廷的用度捉襟见肘，一时间实在是拿不出那么多银子去做这件事。

不过，今时不同往日，胡雪岩看着眼前的左宗棠，感到成立洋枪队的突破口就要找到了。当被问及这次随粮草一起运来的洋枪一事时，胡雪岩这样说道："当年小刀会在上海兴风作浪，差点动摇了上海的根本，最后将之剿灭就是凭借上海法租界洋枪队的力量。比起需要近身作战的刀、枪、棍、棒，洋枪的优势是十分明显的——远在一里之外就可以置人于死地。王大人在世的时候就曾委我到上海采购过五百支洋枪，又派人到洋人那里学习了使用技法，用以抵抗太平军。"

听到这里，左宗棠不屑地问道："既然如此，杭州城为什么轻易被攻陷了呢？"

胡雪岩拱手道："大人有所不知，这洋枪是需要装子弹的，就好比人要吃饭、马要吃草一样，子弹与粮草一样重要。杭州城被围困了那么久，既缺粮草，又缺子弹，不是战败，而是被困死的。"胡雪岩见左宗棠若有所思，又想起左大人与曾国藩向来不合，便说道："当年薛焕薛大人和王有龄王大人都曾几次上书朝廷，希望能够成立洋枪队以尽快剿灭太平军，无奈曾国藩曾大人极力反对，此事最后也就不了了之。试想若是朝廷能支持王大人城中的洋枪队，杭州城定可安然无恙，至少不会这么快就被攻陷。"

听了胡雪岩这一番话，左宗棠看似有所动容，尤其是提到曾国藩极力反对成立洋枪队的时候，胡雪岩知道自己的话左大人已经听进去了。

"胡老板，若是我想成立一只洋枪队，你能不能从中协助？"

"为大人效劳是雪岩的福气。"

“那就这么说定了，银子我来准备，你就负责采购军火、寻找合适的洋人来谈合作，可否？”

“雪岩一定不负大人厚望！”

第二天胡雪岩便开始筹划洋枪队的相关事宜，除了购买枪支、弹药以外，在左宗棠的允许下，胡雪岩带着大量的银票前往上海筹建洋枪队。不过，当胡雪岩到了上海才得知在上海租界驻扎的洋人因为之前与清官兵合作时遭遇了阴雨天气，洋枪所需的弹药全部受潮哑火，并没有发挥出应有的战斗力，反而因为逃跑不及时而损伤了几名洋人的士兵，弄得那位洋军官再也不想跟清官兵谈什么合作，胡雪岩此行只能无功而返。

在胡雪岩离开上海之前，特意到古应春做事的洋行看望了他。古应春得知胡雪岩在“借师助剿”这件事情上碰了钉子，便安慰他道：“雪岩兄不必为此忧虑，既然上海的洋人不肯帮忙，何不考虑一下其他地方？”

“还有什么地方可以借到洋人的洋枪队？”胡雪岩焦急地问道。

“我知道宁波的法租界有一支训练有素的法国军队驻扎，领头的军官叫做热内，雪岩兄可以到宁波试试运气。”

“这真是太好了，每次我遇到困难都有老弟你帮忙，真是我胡雪岩前世修来的福分！”胡雪岩感激地说道。

听了古应春的建议，胡雪岩立刻离开上海前往宁波，与当地法租界的军官热内进行了会晤。胡雪岩将“借师助剿”的来龙去脉向热内清楚地做了一番解释，并开出了左宗棠给出的条件。法国人在宁波一直过着无忧无虑的日子，热内又是个十分看重利益的人，一听到胡雪岩提起银子便表现出了极大的兴趣。加上胡雪岩对洋人的武器装备进行了一番没边儿的吹捧，让热内感到自己可以轻轻松松地赚取大笔银子，实在是很划算的一桩买卖。

很快，胡雪岩与热内的交易就谈成了。热内带领着二百多人组成的常捷军开赴左宗棠的营地。在后来左宗棠派蒋益丰将军收复杭州城的过程中，热内带领着洋枪队立下了汗马功劳，使得杭州城得以迅速被收复。战役结束之后，常捷军回到了宁波，只等战事再起的时候接到左宗棠的信件便再次开赴前线。

胡雪岩对此事如此上心其实有着自己的原因：一方面，失去了王有龄的庇护，胡雪岩必须尽快在官场帮自己找一个新的靠山，此时成为左宗棠的得力助手是再好不过的；另一方面，左宗棠势力很大，为左宗棠成立洋枪队就相当于朝廷已经支持了这一做法，现在洋枪队的军械采购和技术训练这两方面都由胡雪岩经办，拿着朝廷的银子办事，这里面的好处自然不必明说。

第四章

商者仁心，行善名利双收

第一节　杭州收复，大开布施之门

太平军占领了杭州城之后，王有龄以身殉职，胡雪岩在最短的时间内找到了新的靠山——左宗棠。不过，胡雪岩一直没有忘记故人，几次暗示左宗棠收复杭州。恰逢此时曾国藩和李鸿章的队伍都在江浙一带，在杭州城驻守的太平军逐渐感到了压力，胡雪岩也看到了击退太平军、收复杭州的希望。

这一日，左宗棠在胡雪岩的陪同下视察常捷军的训练情况，胡雪岩便借机与左宗棠谈论起现在的战局。

“左大人，听说曾国藩曾大人的湘军和李鸿章李大人的淮军正在逐渐往东南部推进，若是大人与他们联手，江浙一带的失地定能很快光复。”胡雪岩极力想把话题引到攻打在杭州驻军的太平军上来，左宗棠其实一下就明白了他的意思。

“雪岩此话可是想让我出兵收复杭州？”

“雪岩不才，被大人看出来了。不过，现在出兵杭州是一个绝佳的机会。太平军得到湘军和淮军南下的消息，已经在悄悄将主力向别的地方转移了，若是此时从江西杀出一支强兵猛将，定能杀他个片甲不留。”

“此话不假，我也正有此打算。我手下的得力战将蒋益丰前阵子遭人陷害被降了官职，若是此番派他前去立下战功，我也好替他复职。不过，雪岩你是不是还有一层私心？”左宗棠笑着等待胡雪岩的回答。

“雪岩有什么心事都瞒不过大人。掐指一算，雪岩离开杭州城也有一段时日了，且不说我在杭州城生活了那么久，感情有多么深厚，单是我的故人王有龄以身殉职就让我十分惦念了，不知道他是否留有全尸，雪岩很想找到他，给他立一座像样的墓碑……”胡雪岩说着说着眼眶便有些湿润了。

左宗棠拍了拍胡雪岩的肩膀说道：“我最欣赏你重情重义这一点了，我会尽快安排蒋益丰率领部队向杭州进发，收复杭州指日可待，你就放心吧。”

“多谢左大人体谅！”胡雪岩想到很快就能重回故乡，心里十分期盼。

与太平军攻打杭州城如出一辙，蒋益丰率领大军将杭州城三面围了个水泄不通，不分昼夜地轮番攻打，加上有训练有素的常捷军助阵，很快便拿下了整座杭州城，将城中的太平军清剿干净了。

得知消息的胡雪岩立即找到左宗棠，请命回杭州处理战后事宜，左宗棠爽快地答应了。

当初胡雪岩在王有龄的劝说下离开杭州城的时候，城内百姓因为缺少粮食而受尽了苦楚，甚至一度发生过人吃人的现象。太平军攻陷杭州城之前，城中有点钱财的商人早就拉家带口悄悄地走水路逃走了，城中剩下的尽是些穷苦百姓。太平军只会打仗，不懂治理，接收杭州城之后不顾百姓死活，烧杀抢掠一番，使得整个杭州城陷入了一片苦海。

现在，杭州城终于被收复回来，胡雪岩得到左宗棠的任命之后马不停蹄地赶回杭州城，看到大街小巷满目疮痍，胡雪岩心中备感心酸。胡雪岩回杭州的第一件事就是差人四处寻找王有龄的尸体，虽然因为时间过了太久而只能靠衣服来辨认，但胡雪岩最终还是找到了王有龄。胡雪岩让人在城外风水最好的地方替王有龄寻了一块墓地，体体面面地将他下葬了，总算是了却了一个心愿。

胡雪岩开在杭州的阜康钱庄早就关门大吉，银子也在被攻陷前就运了出去，现在他打算重新让阜康钱庄开业，将大量的现银运至杭州，为的是帮助身处苦难中的劳苦大众。因为战事连连，杭州城的百姓缺衣少粮，每天都过着噩梦般的生活。树皮、野草……凡是可以入口的东西都被吃了个干净，胡雪岩立即派人从临近的市县购买粮食，在杭州城中设立了大大小小二十几处粥棚，每天三次向难民提供免费的粥食。

因为城中难民太多，大家挤在一起抢粥的时候难免发生冲突，胡雪岩便在每个粥棚增派官兵以维持秩序，所有来领粥的人都要排好队一个一个来，每个人限领一碗。一天，一个十几岁的小孩儿领了一碗粥喝完之后，想要再领一碗，结果被维持秩序的官兵拎到一边教训了一顿，孩子的哭声引起了路过这里的胡雪岩的注意。胡雪岩马上来到小孩儿面前询问情况，得知孩子的父亲在战乱中变成了残废，现在正躺在一座破庙里，因为不能来粥棚排队领粥，孩子想要帮父亲代领一碗回去，没想到官兵根本不相信他的话，还把他教训了一顿。胡雪岩一边给孩子添了一碗粥让他带回去给父亲喝，一边开始考虑改变施粥的方式，甚至琢磨着给无家可归的难民建造临时房屋收留他们。

第二天，胡雪岩便派人在城西一块空地上盖起了几十座茅草屋，在这些茅草屋附近设立粥棚，只要是无家可归的难民都可以带着行李住到茅草屋里来，每人每天领取三碗粥暂时果腹，待杭州工商业逐渐恢复再做打算。

另一方面，除了在用来收留难民的茅草屋附近设立粥棚之外，其他地区的二十几个粥棚均改施粥为施米，来者上报姓名、年龄和家庭成员人数，按需取米，让那些有家的杭州百姓直接领白米回家煮食，尽快回归正常生活。不过，有一点胡雪岩没有想到，施米不同施粥，施粥的时候人们是拿着碗来，吃完就走，没有任何别的想法，而施米则大大不同，米可以拿回家煮食，也可以储存。城中有些手中还有少量积蓄的百姓，为了让一家人吃上白米饭，看见谁存有米，就愿意花点银子买过来。所以，这样一来，有些人就趁机钻了空子：有的人是虚报家庭成员人数，有的人是乔装打扮每天都来领米，还有一些人在一天之内游走几个施米点领取白米。没过几天，米的用度越来越大，负责管理施米的官兵张四感到不对劲，没有经过胡雪岩同意便推行了一个办法—命人将前来领米的人的眉毛剃掉，在眉毛重新长出来之前不得反复领米。

这个办法果然奏效，米的用度一下子减少了三分之一，正在张四为自己的决断感到沾沾自喜的时候，一件事的发生使得他受到了不小的责罚。原来，城中有一个穷秀才原本以代人书写书信为生计，战后城中状况凄惨，几乎没有人花钱请他代写书信，他的日子也就越发难过。忍饥挨饿几日之后，饥饿难耐之下便去施米点领取了可以吃半个月的白米，按照规矩被剃掉了眉毛。

穷秀才背着米回家，妻子见状不但没有高兴，反而责备他人穷志短，为了一袋米连脸面也不要了，连续几日妻子唠叨不停，穷秀才心中不免心酸忧郁，在水缸取水时不小心在水面看到了自己被剃掉眉毛的滑稽样，竟然一时想不开自缢而死。穷秀才留下遗书一封，向妻子说明自己没有骨气，竟为填饱肚子连眉毛也不要了，不配活在世上。妻子发现丈夫自缢后痛不欲生，拿着穷秀才的遗书找到张四讨说法。张四虽然觉得自己的做法有些不妥，却固执地拒绝道歉，甚至对穷秀才的妻子一顿拳打脚踢。一时间杭州百姓纷纷站出来声援穷秀才的妻子，认为胡雪岩这样看不起穷人不如不要施米。

胡雪岩得知此事后立即赶到施米点，先是对着张四一番呵斥，然后又向难民们作揖赔不是，希望能得到谅解。同时，胡雪岩让人统计了被剃掉眉毛的人数，按照每人十两银子的标准进行了赔偿，人们才最终表示了谅解。

除了施米以外，胡雪岩看到渡口的船少有几个人乘坐，一问才知现在城中居民大多吃饭都成问题，即便是原来在外有经贸往来的人迫于当前一无盘缠、二无粮食的窘困情况也只能乖乖地待在城中接受救济。胡雪岩得知这一情况后便在渡口设立了义渡的船只，只要是杭州城内的居民都可以免费乘坐，若是在外有小买卖的人还可以从阜康钱庄领取二十两银子的创业金，重拾以前的生意。这样一来，杭州城内的经济慢慢也走上了正轨，不过，战争使得杭州城的居民人数骤减，有点能力的人都远逃他乡，若想让杭州城恢复往日的繁荣，还需要长期的努力。

而且，胡雪岩来往阜康钱庄和自己的住宅时，常常看到很多十来岁的孩子在街上无所事事地玩耍打闹，有的时候还会干些小偷小摸的事情，他想，这样下去杭州城的恢复速度肯定会更慢，几经考虑之后，胡雪岩决定集合城中有学识的居民开办几所义务私塾，将这些适龄的孩子组织到一起普及文化知识，以逐步提高杭州城内的人口素质。这样一来，很多从前因为家里穷上不起学的孩子也得到了受教育的机会，无论是孩子还是家长，无不对胡雪岩此举表示感激。

自从胡雪岩回到杭州以来一直大行善举，城中所有的百姓都尊他为“胡大善人”，左宗棠对胡雪岩的表现也相当满意，甚至认为胡雪岩在治国方面有着一定的天分，琢磨着要帮助胡雪岩在朝廷谋得一官半职。

第二节 施医赠药，帮助难民抗瘟疫

胡雪岩受命回到杭州之后除了大兴慈善帮助城中居民回归正常生活以外，还要负责处理很多战后事宜，其中最为重要的一项就是防控瘟疫。无论在什么时代，无论是天灾还是人祸，瘟疫都会在灾难过后影响人们的正常生活。

最开始的时候，杭州城内的官兵与太平军对抗，每天死几个人，王有龄都会下令将这些人妥善安葬。随着战事的推移，杭州城官兵的死伤不计其数，已经没有能力将所有战死的尸体拖回来掩埋，加上城中短粮，每天都饿死很多人，杭州城一时间到处都能看到尸体，整个城市陷入了一种恐怖的状态中。

太平军攻陷杭州城之后，虽然也担心发生瘟疫，却只是将城中四处可见的的尸体装上马车运到城郊的荒野里抛尸，并没有做掩埋和消毒的工作，在这种情况下，瘟疫随时可能爆发。

到了左宗棠派蒋益丰率领精锐部队进攻杭州城之时，城内已经有人患上了瘟疫，太平军在双重打击之下仓皇而逃，只剩下身处火海的平民百姓惊恐地面对着在城中肆虐的瘟疫。

胡雪岩回到杭州城后立即组织官兵将城内外所有的尸体聚集在一起进行焚烧和掩埋，并请人制了几个有消毒作用的中药方子，用大锅熬了药水在城中四处泼洒，以控制瘟疫的流行范围。

即便如此，在留守杭州的平民当中，还是每天都有人感染瘟疫病倒或死去。感染瘟疫的人一般在前几天并没有什么明显的症状，几天之后开始感到怕冷、发高热，浑身酸痛、四肢无力。卧床几日之后便会出现呕吐和食水不进的现象，十天之内便会由一个好人变成奄奄一息的将死之人，或是在亲友的哭泣中死去，或是直接由害怕被传染的亲戚们将其抛到乱坟岗而悲惨离世。

一时间杭州城中失去亲人的痛哭声与害怕被传染的唾骂声此起彼伏，胡雪岩看在眼里十分着急。他立即选派几个人到杭州城外采购能控制瘟疫的药品，同时派官兵在街上巡查，无论是哪家死了人，都要将尸体就地焚烧干净，尽量减少人们感染的机会。

有一天，胡雪岩从家中赶去阜康钱庄处理一些事情，轿子经过一条大街的时候，胡雪岩从被风吹起的轿帘缝隙中看到前面一条胡同里很多人排着一条长队。感到奇怪的胡雪岩命轿夫落轿，自己径直走到排队的人群前面查看。队伍的尽头是一个小院，院子里弥漫着一股中草药的味道，胡雪岩向队伍中一位老人拱手问道："老先生，请问这是什么地方？"

老人回头看见胡雪岩马上作揖道："是胡大善人，失敬失敬！老汉这厢有礼了！"

胡雪岩马上又还礼道："敢问老先生在此排队所为何事？"

"胡老板可知这城中瘟疫闹得人心惶惶？"老人问道。

"当然知道，雪岩也正在寻找破解之方啊……"胡雪岩叹了一口气说道。"前几日，住在这里的刘神医用一个方子把西街赵二家儿子的瘟病治好了！大家听说了这件事都纷纷来排队取药，据说这药既能治病也能防病，真可谓之神药呀！”老人眉飞色舞地说道。

“果真如此？”胡雪岩赶忙向老人道了谢，三步并作两步地走进了刘神医的屋子，只见一位鹤发童颜的老者坐在一张桌子后边给一个正在咳嗽的年轻人把脉。仔细把过脉之后，刘神医说道：“小伙子，你得的不是瘟病，只是稍有些肺阴虚的症状，待我给你开个滋阴润肺的药方即可。”

小伙子显然有些失望：“刘神医，能不能给我开上两副防治瘟病的药？”

刘神医微笑道：“小伙子，你得的不是瘟病。这几日确实有人想从我这里抓些防治瘟病的药回去吃了防病，但是城中的药材有限，那些药材还是省着留给真正得了瘟病、面临死亡的人吧。”

小伙子听了这话便不再问了，拿了药方出门去药店抓药了。

胡雪岩对排在后边的人说了几句，便进得屋中，刘神医并没有抬眼睛，只是说道：“请坐，哪里不舒服？”

胡雪岩恭恭敬敬地鞠了一个躬道：“刘神医，在下胡雪岩，特来请教防治瘟病的药方。”

听到“胡雪岩”这三个字，刘神医抬头看了看，起身拱手道：“原来是胡大善人，有失远迎了。”

“现在城中瘟疫闹得厉害，我虽然派人妥善处理了病死者的尸体，也在大街小巷撒上了有消毒作用的药水，却不能从根本上解决问题。今日听闻刘神医有方子能防治瘟病，雪岩特来询问一二。”

“这里还有不少人排队等待看病，若是胡大善人看得起我，请到书房等待一会儿，我再看十个病人便去。”

“多谢刘神医。”胡雪岩被刘神医的儿子引着来到了书房。那是一间很小的房间，正对门口的墙壁附近放着一个条案，上面堆满了各种医书古籍，左手边是一个简单的木头书架，上面也是密密麻麻、大本小本的书，胡雪岩随便抽出了一本翻看了起来，书上都是由民间有识之士编撰的中医偏方。刘神医的儿子奉茶进来，胡雪岩谢过之后问道：“这位兄台，敢问刘神医今年高寿？”

“家父八十有一。”刘神医的儿子看上去也有五十几岁了。

“雪岩不才，在太平军攻城之前一直在杭州居住，却从来不知道民间有这样的神医。”

“家父自小随我爷爷学医，爷爷曾嘱他医者仁心，医德远比医术重要，所以家父一直坚持在街巷为平民百姓把脉看病。若是来者是富户，父亲便开出方子要他到药房买药；若是穷主，家父便亲自在家中配好药材赠与他。”

听了这番话，胡雪岩对刘神医的敬佩油然而生，民间竟有如此重情义不重名利的人物，有这样的医生真是平民的福气啊。想到医治瘟疫的药方，胡雪岩又问道：“敢问兄台这能治瘟疫的药方……”

“胡老板稍安勿躁，家父一会儿就过来。”说完刘神医的儿子就转身出去给父亲帮忙了。

胡雪岩也不好再深问，只得一边品茶一边等待刘神医出现。茶并不是什么好茶，这更加说明了刘神医并不在乎名利，这样的人大多正直而乐于助人，若想请他出山帮助控制杭州城的疫情定然不是一件难事。

胡雪岩耐心等待了一个多时辰，刘神医才不慌不忙地踱着步子来到书房，笑着说道：“让胡老板久等了。”其实刘神医让胡雪岩到书房等待还有另外一个目的，就是想看一看这位胡大善人是不是像人们说的那样谦虚、诚恳，今日见胡雪岩耐着性子在书房等了自己一个时辰，反而觉得不好意思。

还没等胡雪岩开口，刘神医便说道："今日若不是胡老板亲自登门，老夫也正打算到府上拜访。老夫虚度八十一载，经历过大小几次疫情，在父亲的教导下学会了几样应对的方子。不过，此次疫情与以往略有不同，病程较长，病死者较多。老夫潜心钻研了几个晚上制出一张方子，前几日冒着风险给西街赵二家得了瘟病的儿子用了药，结果真的有效。老夫正打算找到胡老板商量发药给城中百姓的事情。虽然经过了战争杭州城百姓死伤无数，不过若是给全城百姓备药，老夫当然是没有这个能力的。"

胡雪岩耐心地听刘神医讲完这番话，马上深深地鞠了一躬："能够如此为百姓着想，刘神医真可谓是医中圣贤！请受雪岩一拜！"

"不敢当，胡老板快快请起。"刘神医边说边将胡雪岩扶起，"事关百姓性命，老夫自然不能坐视不管。我现在就把这方子抄给胡老板，其中有几样药材比较珍贵，整个杭州药店的备货也不会多，需要到大一点的县城采购。"

"刘神医请放心，雪岩今晚就派人快马加鞭去购置药材。只是，若是直接发放草药，百姓各自熬制也比较麻烦，可否将药材聚到一起制成药丸，这样按需发放给百姓即可。"

"胡老板想得极是，不过，若是想要在短时间内将这么多药材制成药丸并不是一件容易的事。"

"雪岩可以贴出告示昭告杭州城，募集足够的人手参与制药，尽快将药丸制成。"

"如此甚好。"刘神医满意地捋着胡子点了点头。

按照刘神医提供的方子买药、制药共花费白银八万两，因为来不及向左宗棠报告，胡雪岩直接从自己的阜康钱庄调了银子。炮制药丸的告示一贴出，城中很多郎中都赶到阜康钱庄自告奋勇地报名参加，短短三天之内就将所有药材制成了药丸。百姓听说胡雪岩花钱制作了防治瘟疫的药丸，都纷纷来到阜康钱庄门前排队领取。有了刘神医的这个方子，杭州城的疫情很快得到了控制。为了更好地防控疫情，在第一批药丸发放结束后，胡雪岩又购买了一次药材制成药丸发放给百姓，以作巩固治疗和预防之用。

胡雪岩治理杭州城、防控瘟疫有功，在受到了左宗棠褒奖的同时也受到了杭州城百姓的爱戴和敬仰。

第三节 研制行军药方，造福军中官兵

左宗棠得知胡雪岩在杭州城把一切都料理得十分妥当甚是高兴，又听闻此次疫情得到控制是源于一位刘姓老中医开出的药方，便想到了一个好点子。带兵打仗的人最怕的就是遭遇集体性病症，以往有过强大的军队被瘟疫毁掉的先例，古代还曾经有两国交战一方使用瘟疫病菌制敌的现象。而且，军队的士兵常年在外，吃、住条件都十分艰苦，容易感染各种传染性疾病，若是请刘神医针对不同的传染病制作大量对症的药丸随军带着，随时可以防治各种疫情的发生和蔓延，对军队的好处当然是不言而喻。

因此，左宗棠立即修书一封给胡雪岩，希望他能帮助自己实现这一想法。刚刚接到信的时候，胡雪岩感到有些为难。刘神医的医术自然是不容怀疑的，但是，让胡雪岩担心的是刘神医素来清高傲世，从不被世间的荣华富贵所动。此次刘神医愿意协助胡雪岩控制杭州城的疫情，完全是出于对城中百姓的关爱。若是请刘神医为朝廷办事，他定然是不愿意的。

但是，信是左宗棠亲笔写来的，而自从王有龄为国捐躯之后，左宗棠便成为了胡雪岩在官场的唯一靠山。此时若是如实向左宗棠说明情况的话胡雪岩并不会受到什么责难，毕竟左宗棠是比较讲理的人，不过，为军队制药虽不是直接造福百姓的事，却也不是什么坏事，若是能够说服刘神医，便是一箭双雕的结果。思来想去，胡雪岩还是决定到刘神医家走一趟。

刘神医不畏权势、不看重名利，若想打动他，靠金钱是绝对不可能的。胡雪岩先是想到了准备两支上好的人参送给刘神医，转念一想，人参虽名贵却并不少见，而且好人参多是富贵人家用的，送人参比送钱也好不到哪里去。胡雪岩苦思冥想了一个晚上，终于想到了一个好主意：喜爱中医的老学究多数对某些珍贵、稀少的药材十分爱惜，胡雪岩儿时便听人说过犀角是一味不可多得的药材，对待某些疾病有着特殊的疗效。胡雪岩连忙差人到上海苦苦寻找，终于买到了一块珍贵的犀角。

胡雪岩将呈半透明状的茶色犀角用一块红布包住放进了一个精致古朴的布袋子里，拿着袋子便来到了刘神医的家中。因为是傍晚时分，前来找刘神医看病的人群已经散去了，刘神医正在书房中品茶看书。

胡雪岩被刘神医的儿子引着来到书房，上前拱手道："刘老先生近来可好？"

刘神医放下手中的书笑着说："哦，是雪岩，快来坐下，我正好有件事想要跟你商量。"

胡雪岩坐下后并没有把袋子拿上桌子，而是暂且放在腿上说道："刘老先生有什么事要与雪岩说？"

"上次防治瘟病的方子我又给改进了一下，若是再次发生类似的瘟疫，我手中的这个方子要比上次用的那个更为妥当。"

"哦，如此甚好。看来刘老先生对中医和中药的感情十分深厚啊。"

"学医的人如果不爱医，又如何用自己掌握的知识和技法为他人治病呢？"

"雪岩此来一是来看望刘老先生，二是想再一次向先生表示谢意。雪岩带来了一件礼物，请老先生一定要收下。"胡雪岩说着将放在腿上的小袋子拿上了桌面。

“雪岩应该知道老夫的性情，这‘感谢’二字我算是收下了，礼物我看就免了吧，你知道我一向对世间的俗物没有什么兴趣的。”刘神医笑着拒绝了胡雪岩的好意。

“此件礼物并不‘世俗’，虽然值钱却又有着无法替代的实用价值，刘老先生不妨先看上一看。”胡雪岩说着便打开了袋子，取出用红布包裹好的犀角，轻轻地将红布揭开，那晶莹剔透的茶色犀角顿时呈现在刘神医的眼前。刘神医看到犀角不免为之一振，虽然他不爱钱、不爱金器和玉石，却对药材有着偏爱。眼前这块犀角显然是犀角中的精品，虽然犀角入药有神奇的功效，却因为过于珍贵而极少为平常人家所使用。

“这可是一块上等的犀角，是从哪里淘换来的？”显然这块犀角对刘神医是有着比较强烈的吸引力的。

为了便于让刘神医接受，胡雪岩撒了一个善意的谎言：“这犀角十分罕见，并不是雪岩花钱买的，而是很久以前一位好友赠送给我的。雪岩不才，对药材没有半点研究，这犀角放在我这里实在是太委屈它了。今日雪岩带着它前来拜见刘老先生，就是想将它赠送给最值得拥有它、能够将它的作用发挥出来的刘老先生您。”

听胡雪岩这么说，刘神医脸上露出了笑容，却又不好直接接受，只是连连说道：“这可使不得，这犀角价值连城，实在是太珍贵了。”

“正因为它很珍贵，雪岩才将它带到这里。若是这块犀角一直待在雪岩府中，才真真是磨灭了它的价值。刘老先生为杭州城的居民义诊多年，雪岩只是出于敬重想要参与进来而已。这块犀角送与刘老先生并不是想让您用于收藏，雪岩希望它可以作为药材发挥实际的功用。”

胡雪岩的这番话显然打动了刘神医，刘神医站起来向胡雪岩鞠了一躬，胡雪岩连忙起身说道：“刘老先生这真是折煞雪岩了！”

刘神医诚恳地说道：“老夫这是替杭州城的百姓谢谢胡老板！”说毕，刘神医从胡雪岩手中接过那块犀角，凝神看了良久，又反复摸了摸，啧啧地说道：“真的是不可多得的珍贵药材啊。”

当晚胡雪岩在刘神医家随便吃了一顿清淡的晚餐，却并没有提到为左宗棠的军队制药一事，胡雪岩心中已另有打算。

隔了几日，胡雪岩再次来到刘神医的小院拜访，并告诉他自己最近有一个打算——开办一家制药厂。

“刘老先生，雪岩的阜康钱庄在北京开有分号，从前到那边办事的时候曾经到过同仁堂。”

“哦？同仁堂是北方第一号制药厂啊！”刘神医显然对这个话题十分感兴趣。

“是的，雪岩到了同仁堂看到店中除了那些普通的和珍贵的药材以外，最吸引人的是它调配出来的种种具有特殊功效的药剂或是药丸。”

“我也曾听说过同仁堂善于自制药丸，只要对症便是药到病除的。”

“的确如此，最让雪岩感到震动的是，那些药剂中绝大部分并不是店里现时的中医调配出来的，而是沿用了同仁堂几百年前的家族古方。若不是同仁堂这样将药方一代代传下去，不断用原样或改良过的方子制药售人，一旦没有了继承者，这些古方势必要销声匿迹。对于百姓来说，如此实用的药方若是失传了是多么遗憾的一件事情啊。”

“此话有理，自古以来中医就是以人传人的，若是不小心在哪一代徒弟中变了味儿或是断了流儿，很多绝妙的方子有可能会就此失传了，那就实在是可惜了。”刘神医感叹道。

胡雪岩趁热打铁地说道：“雪岩看到刘老先生防治瘟疫的药方疗效如此神奇，又联想到同仁堂的制药模式，便想着开办个制药厂造福城中百姓。若是刘老先生愿意与雪岩联手炮制像同仁堂的古方一样的特效药丸，让那些药到病除的好方子流传百世，绝对是一件利民的好事。”

刘神医听了胡雪岩这一番话显然是有所动容的，虽然他从来不追名逐利，但是，让自己研制的药丸在以后的几百年甚至更长时间里发挥作用、造福百姓绝对是一件好事。思考片刻之后，刘神医说道：“胡老板的这个提议甚好，老夫我一生行医，不为名、不为利，但是，造福百姓的事情我愿意做。此事且由胡老板安排，需要老夫出力的时候直接来找我即可。”

“刘老先生能如此理解和支持雪岩，真是我前世修来的福分！”胡雪岩兴奋地说道。说服刘神医与自己一起开办制药厂，就等于左宗棠委托的事情已经成了一大半。

很快，胡雪岩把左宗棠委托他为官兵制药的事情告诉了刘神医，请他帮忙出几个官兵行军常用的药方。刘神医有点不情愿：“雪岩，老夫一辈子在民间行医，最看重的是平民百姓的生活能否安稳。官兵常年在外征战，所到之处打打杀杀，最苦的便是百姓了。老夫素来不看重金钱和名利，若是用官府的威风来强压于我，你知道那是没有作用的。”

“这些雪岩当然都懂。只是，刘老先生也应换个角度考虑一下这个问题。官兵也是人，他们都有父母、妻儿，都是从民间征上去当兵的。他们原本有着自由、幸福的家庭生活，在政府征兵的时候被带到了军队之中，若是不打仗，则远离家园、日日苦训；若是打仗，便天天行军、奋勇杀敌，还常常会性命不保。如此看来，他们都是可怜之人啊！若是在行军的时候感染瘟疫，官兵也会像平民百姓一样无助，只能眼睁睁充满恐惧地面对疾病和死亡。倘若刘老先生愿意将防治各种行军可能出现的疾病的药方制出，雪岩再购买药材将其制成药丸送入军中，让每一位官兵随身携带，这样这些可怜的人至少不会再恐惧疾病，这也是一件好事啊。”胡雪岩将事情分析得清晰而且道理明白，刘神医也无话可说：“此话也不无道理，既然如此，我便悉心研制几个方子给你。不过，这药材不会是你自掏腰包吧？老夫向来不喜欢趋炎附势、擅长贿赂打点之人。”

胡雪岩笑笑说：“刘老先生忘了此次雪岩请您出山是为了开办药厂了？同仁堂配制的药丸多数只作于民用，为行军官兵制药还是史无前例的。研制此方既是为了造福于官兵，也是为了做成生意，这购买药材和制药的银子当然是朝廷出。”

“好吧，虽然老夫从来不想跟官府打什么交道，不过既然是为了同样平民出身的官兵，老夫就出这一次力。”刘神医最终答应了胡雪岩的请求，很快研制出来能够防治瘟疫和防治中暑等行军中常见病的药方，胡雪岩以最快的速度购买了药材，制成各种药丸送至左宗棠的军营。

经过实际验证，由刘神医配制的这些药丸药力强而持久，对于很多行军中常见的病都是一粒见效，左宗棠因此多次跟胡雪岩订药，前后总共支付药费十万余两白银，虽然胡雪岩的制药厂还没有正式开办，却已经有了盈利。

第四节　援助“常捷军”，看到药品经营商机

左宗棠在征战之中常常得到一支特殊的队伍的支持，这支队伍是由二百多名法国人组成的，他们擅长使用洋枪洋炮，专门在战役开始的时候帮助左宗棠占尽先机，这支队伍的名字叫作“常捷军”，是胡雪岩帮助左宗棠建立起来的。

早在太平军攻打杭州城的时候，胡雪岩就曾经帮助王有龄采购洋枪、训练洋枪队，并与薛焕讨论过关于“借师助剿”的利弊。面对太平军的真刀真枪，洋枪队显然占有极大的优势——一个是谨慎作战，另一个可以远在一里外就置人于死地域当年杭州城被困，胡雪岩在王有龄的指示下到城外采购军火和粮草，太平军虽然处处刁难，却对运粮船上配备的洋枪队无可奈何，只能眼睁睁看着胡雪岩的船在水路上穿行。

杭州城失守之后，胡雪岩带着二十船粮草和军械投奔了左宗棠，见左大人十分开明，便再一次提议建立洋枪队以协助制敌，左宗棠不同于曾国藩，十分愿意接受新鲜事物，只要是能帮助自己打胜仗，各种方式他都愿意尝试。左宗棠将建立洋枪队的任务交给了胡雪岩，胡雪岩积极地购买、囤积枪支弹药，并建议左宗棠考虑薛焕提出的“借师助剿”的点子，直接与洋人签订协议，雇佣一支洋人的队伍为自己所用。

一开始左宗棠对于“借师助剿”的提议顾虑重重，由于不了解洋人的

性情，担心手中握有先进武器的洋人会在战争结束之后对自己不利。不过，胡雪岩曾经有过跟洋人打交道的经历，在与洋人商谈购买洋枪的事宜时，胡雪岩发现洋人办事实际上是很有效率的，他们的思维方式极为简单：获取最大的利益。多数情况下洋人也是比较讲信用的，一旦生意谈成一般就会按照约定履行自己的承诺和义务。

胡雪岩多次向左宗棠谈及建立洋枪队的种种好处，逐渐说服了他。若想建立洋枪队就要到英法租界去找洋人的军官谈判，洋人十分看中利益，只要左宗棠肯出钱，这件事就一定能办成。

胡雪岩先是拿着银票到了上海，想要跟那里的洋人谈一谈“借师助剿”的想法，结果却扫兴而归。原来上海租界驻扎的洋人军队在联合官府对小刀会进行清剿的时候吃了不少苦头，虽然洋枪洋炮威力十分强劲，却敌不过常常光顾上海的绵绵细雨，弹药在受潮后多数变成了哑弹，面对手拿大刀、长矛的敌人，拿着一支不能开火的枪跟赤手空拳没有什么区别。此外，洋人十分看中士兵的性命，虽然只不过死了几个人而已，洋人的军官已经觉得十分不值得。这次胡雪岩到上海再谈合作事宜的时候便被上海租界的洋人军官婉言拒绝了，即使开出的价码再诱人也无法改变他的心意，胡雪岩只好暂时留在上海另做打算。

古应春听说胡雪岩来到了上海便邀请他一起喝茶叙旧，聊天中得知胡雪岩正在为了“借师助剿”的事情伤脑筋，便建议他到宁波去试试。那个时候战火还没有烧到宁波，那里的一切还是天下太平的样子。在宁波有一块法租界驻扎着不少法国官兵，若是去那里谈合作可能会来得更容易一些。

听了古应春的建议，胡雪岩立刻离开上海前往宁波，与当地法租界的军官热内进行了会晤。胡雪岩将借师助剿的来龙去脉向热内清楚地做了一番解释，并开出了左宗棠给出的条件。法国人在宁波一直过着无忧无虑的日子，热内又是个十分看重利益的人，一听到胡雪岩提起银子便表现出了极大的兴趣。加上胡雪岩对洋人的武器装备进行了一番没边儿的吹捧，让热内感到自己可以轻轻松松的赚取大笔银子，实在是很划算的一桩买卖。

很快，胡雪岩与热内的交易就谈成了。热内带领着二百多人组成的“常捷军”开赴左宗棠的营地。在后来左宗棠派蒋益丰将军收复杭州城的过程中，热内带领着洋枪队立下了汗马功劳，使得杭州城得以迅速被光复。战役结束之后，“常捷军”回到了宁波，只等战事再起的时候接到左宗棠的信件便再次开赴前线。

胡雪岩在宁波也设有阜康钱庄的分号，每逢他到宁波的钱庄办事的时候，都会到法租界去拜访热内，一来二去两人便成了十分熟络的好友。

有一天，胡雪岩正在杭州自己的铺子里跟账房核账，却见门口走进来一个身材高大、黄头发、蓝眼睛的洋人，此人不是别人，正是“常捷军”的法国军官热内。热内见到胡雪岩之后一阵寒暄，然后直截了当的说明了自己此番的来意。热内不懂中文，随身带了一个会讲中文的法国人，虽然他能清楚地听懂和流利地说出大部分中国话，但是口音却十分蹩脚，让胡雪岩听得十分费力，好在胡雪岩曾经几次拜访过热内，每次都是这个人做翻译，胡雪岩倒也习惯的他的口音。

“胡先生，本人此次找你来是有要紧事商量。”热内的翻译努力地将热内的话翻译成胡雪岩能听懂的中文。

“哦？有什么事就请热内军官直说吧。”胡雪岩知道洋人开口求办事的时候一定是有什么大事情发生，因此感到有些紧张。

“是这样的，宁波现在正在闹瘟疫，我听说胡先生这里有医治瘟疫的特效药，想来买一些带回去。”热内诚恳地说。

“什么？宁波也闹瘟疫了？配药当然不是问题，只是中医讲究对症下药，不知道杭州城闹瘟疫时候的特效药是不是适合当前宁波的情况啊。”胡雪岩的担心也不无道理，中医讲究的就是辨证，每一种细微的症状都可能影响医生对疾病所下的最后结论，若是药不对症，很可能会适得其反，不但没有控制住瘟疫，反而可能会加重瘟疫的扩散。

“没关系，你的药一定管用，因为我就是吃你的药才病愈的。”热内的话让胡雪岩吃了一惊。原来，热内原本在宁波过得舒适而平静，不想宁波意外爆发了大规模的瘟疫，法租界虽然每天派西医用消毒药剂喷洒街道，却还是没能挡住瘟疫向法租界的扩散，几天之内病倒了好几个法国士兵。热内担心军队出现严重的问题，便亲自视察和整顿队伍，却不小心被传染了瘟疫。

胡雪岩曾经关照在宁波开设的阜康钱庄分号的掌柜逢年过节给热内送上礼物，当掌柜得知热内病倒之后，连忙将柜上存放的胡雪岩为左宗棠的官兵研制的各种防治瘟疫的药丸送了过去，没想到热内吃了其中一颗名为“诸葛行军散”的药丸之后病症大有减轻，三粒之后竟然神奇般地病愈了，而之前几天的西药治疗都没有起太大的作用，患病早一些的几个士兵仅仅使用西药治疗，结果却在痛苦中死去，并没有救治成功。

亲身体会到中药神奇作用的热内马上赶赴杭州找胡雪岩求药，胡雪岩听了热内的叙述也十分焦急，立即购买了大量药材连夜制成药丸让热内带回了宁波，其中一部分用于法租界，另一部分用于宁波的平民百姓。由于担心热内反悔将所有的药丸据为己有，胡雪岩特别向热内说明了事情的严重性——若是无视宁波城中的普通百姓，瘟疫不能彻底清除干净，对热内的军队来说这始终是个隐患。热内十分明白这个道理，便照着胡雪岩说的，向宁波当地的平民发放了一部分药丸。

宁波城的瘟疫很快得到了控制，与此同时，感受到中医神奇力量的热内有了一个新的想法。

瘟疫的风波彻底平息之后，热内再一次来到杭州，专门找到胡雪岩想要谈谈药品合作的事情。

“胡先生，我将从先生这里带走的药品用于宁波城的瘟疫，很快便控制住了它。我觉得人群密集的地方很容易爆发类似的疾病，所以想要到你这里订一批药丸带回宁波的法租界，以后要是再发生什么紧急情况就可以第一时间把事态控制住了。”其实热内在拿到那批药丸之后就听说胡雪岩正准备创办药厂，并且药厂最大的主顾就是左宗棠，像“诸葛行军散”、“避瘟丹”这类的药丸都是专门为左宗棠的军队研制的，为的就是防治队伍在行军过程中的各种常见病。热内虽然是洋人，但也是一位带兵打仗的军官，他虽然不懂中医，却知道特效药对行军的意义。因此，热内这次找到胡雪岩是真心实意想要从他这里购药贮存在自己控制的法租界，这也是一种提高军队战斗力的方式。

“热内军官若想要这些药丸，不必向我订购，雪岩送几箱给你便是。”胡雪岩想着热内在宁波法租界驻扎的地盘并不大，管理的人员不过几百人，有几箱药品足够了。这些药丸虽然有奇效，配制它所用的药材却只是极其普通的药材，这几箱药也不过价值几百两银子，以自己与热内的交情来说，实在不必索取什么费用。

“胡老板的心意我领了，不过银子我还是要付的，胡老板雇佣‘常捷军’的时候从来没有少给过银子，我们是朋友，我更要表现出诚意。”洋人的做事方式就是与国人不同，或许他并不知道这样有驳了胡雪岩面子的意思。胡雪岩深深地明白这一点，也就不再客气，名正言顺地收了几百两银子，热内也高高兴兴地将几箱药丸带回了宁波。

让胡雪岩没想到的是，不出半个月，又有一位洋人来拜访他，希望能从他这里订购一些药丸。原来此人是热内的朋友，来的时候还带了热内写给胡雪岩的信。信中热内向胡雪岩说明这位来找他的洋人名叫托尼，是自己在法国时的好友。这位托尼先生原本是在法国国内经营医药生意的，因为法军在中国的租界有驻扎的军队，西药是军队必备的军需用品，托尼便通过热内这层关系为驻扎在宁波的法军提供药品，从中谋取利润。

托尼这次也是因为宁波瘟疫的事情来到中国，在那里的法租界为热内提供治疗患病士兵使用的各种西药，没想到意外发现一直被西医看不起的中医竟然有如此高超的医术，仅仅用几颗小小的药丸就解决了让西医束手无策的瘟疫。这让托尼从中看到了商机。

托尼此来并不是想为热内的军队添置药品，而是希望可以从胡雪岩这里购买特效药丸运回法国销售以从中获取巨大的商业利益。由于托尼与热内关系很好，热内特意让自己的翻译随托尼一起来到了杭州。若是托尼不自带翻译的话，想要在杭州城找出个懂法语的人可能真的十分困难呢。

“胡先生，听说您正在为左宗棠的军队制药，难道仅仅只为他一人服务吗？”托尼请翻译将自己的意思告知胡雪岩。

“其实并不是那样的。雪岩是打算自己开办制药厂的，只是因为左宗棠左大人曾经托付我为他研制一些用于行军的特效药而已。”胡雪岩已经知道了托尼的来意，明白这是自己的药品从军用转民用的大好时机，开办制药厂的事情已经逐渐有一些眉目了。

“这样最好，我想热内军官在信上已经对我有过一番介绍了，我自己本身也是做药材和医疗器械生意的，只要是好药、有效的药，销路就一定会很好，不知道胡先生有没有把药丸销往国外的想法？”托尼问道。

“只要是治病救人，雪岩愿意把药卖给任何人。”胡雪岩笑着答道。

“我想跟胡先生做一笔生意，请胡先生为我将我在热内那里看到的三种药丸每种准备五箱，价格就按照正常的市场价，半个月之内交货怎么样？”托尼直截了当地说出自己的想法，准备在胡雪岩还没正式成立的药厂做上一笔正式的生意。胡雪岩当然感到十分高兴，没想到自己的制药厂还没有正式挂牌就收到了来自外国的订单，这绝对是一个好兆头。

“半个月交货当然没有问题，您是热内军官的朋友，价钱上我一定给你最优惠的价格。”

两人说毕，胡雪岩差人马上拟定了一份销售合同，约定了双方各自的责任和义务，并分别签字画押。胡雪岩制药厂第一笔民用的生意就这样做成了。

第五节　设立善局，组织商户捐饷

当年杭州城被太平军围困的时候，城中的很多大小商户都担心太平军会很快占领杭州，到时候自己和家人的生活和性命都将受到极大的威胁。虽然太平军已经包围了杭州城的三面，这些有点钱的商户们还是从靠海的那一面雇船拖家带口地逃出了杭州城，暂时到其他地方的亲朋好友家避难。还有很多富户来不及出逃，在太平军攻陷杭州城之后纷纷归顺了太平军。

左宗棠将杭州城的战后处理工作交给了胡雪岩，胡雪岩除了要妥善处理死伤者的埋葬和治疗以外，还要帮助杭州城百姓逐渐将生活回归正轨。在这个过程中，除了修缮房屋、施粥施米以外，最难处理的就是恢复杭州城原本的经济运作。

由于很多商户在战争时期都归顺了太平军，在蒋益丰带兵收复杭州的时候因为担心受到官府制裁而逃往了别的省市，战后的杭州城中处处是满目疮痍的景象，街上看不到一个做小生意的人，从前的当铺、布行都已经被太平军抢掠一空，只剩下空荡荡的货柜和破损的门楣。在这种情况下想要让杭州城在短时间内恢复到战前的经济水平根本就是不可能的事情。

胡雪岩深知这一点，于是想方设法鼓励百姓重拾生活信心，在施粥施米的同时，胡雪岩让官兵同百姓一起开垦田地，到城外购买谷种、菜秧，将杭州城所有可以种植的土地都利用起来。半年之后，杭州城百姓的生活已经基本稳定了，绝大部分人已经不需要靠官府的救济活命了。不过，杭州城此时还是缺少能够作为经济支柱的相关产业。原来，很多出逃的大小商户因为担心官府治罪而不敢贸然回杭州，虽然十分思念故乡，却很少有人敢于在战后第一时间回归家园。

胡雪岩得知这一情况后，马上派人在杭州城外贴出告示，若是在战事中出逃的商户愿意回杭州城重新创业，并且对杭州城的复兴做出较大的贡献，官府不但不追究之前的责任，还会获得一笔数目不小的赏金。这样一来很多在太平军攻打杭州城时仓皇而逃的大小商户都纷纷拖家带口地回到了杭州，重新做起了各种买卖，一时间杭州城的大街小巷又重新热闹了起来。

曾国藩的弟弟曾国荃带兵攻下被太平军占去的金陵之后受到了朝廷极大的封赏，这让左宗棠心中感觉极不平衡。在军队开赴浙江之前，左宗棠曾经上奏朝廷，说明自己要招兵买马以便可以顺利地将江浙一带的太平军彻底击退。其实左宗棠这样做还有另外一层意思。原来，曾国荃在攻打金陵之时因为十分困难而损耗了大量的人马和军饷，左宗棠此举正是想要朝廷知道，自己带兵收复江浙也不是一件容易的事，招兵买马也是希望朝廷能够多给军饷。

待到左宗棠倾力收复浙江大小城池之后，本以为朝廷会看着自己的面子下发比曾国荃更为丰厚的封赏，却没想到银子没收多少不说，官职也没有得到什么大的提升，一时间左宗棠感到十分气愤。由于攻打江浙之前大肆地招兵买马，现在朝廷不但只给了很少的封赏，军饷也是反复拖延不肯兑现。这可让左宗棠犯了难，带兵打仗的人最怕军饷短缺影响士气，到头来弄得自己也颜面扫地。左宗棠找来胡雪岩希望他能够为自己解开这一困难的局面。

“雪岩老弟，现在有一件事情让我感到非常棘手。”左宗棠欲言又止，毕竟朝廷压着自己的军饷迟迟不给实在是一件十分不光彩的事情。

“左大人有什么为难处敬请明示，雪岩一定不遗余力地为大人效劳。”胡雪岩其实早就听说了左宗棠被朝廷阴了一把的事情，只是不好将这件事情随便讲出，生怕损了左宗棠的颜面。

“想必老弟也知道，我这次收复江浙一带被太平军攻陷的城池着实费了一番力气。没想到朝廷一点儿也不体谅我的苦处，赏银少得可怜也就罢了，竟然还一连拖欠了我几个月的军饷，这样下去我如何支撑得住啊！”左宗棠说完重重地叹了一口气。

“朝廷如此对待大人实在是有悖常理。”胡雪岩说道。

“只怕是有人在背后做了什么手脚，如我料得不错，必是那曾家两兄弟，自己占尽了风头还想置人于死地。”

实际上，朝廷的确为了曾国荃的事情而对左宗棠大为不满。原来曾国荃收复金陵之后被朝廷封赏了浙江巡抚的官职，一下子官升几级。当时的浙江巡抚正是左宗棠，因为不满自己仅仅被提了总督的职位而迟迟不肯将浙江巡抚的官印移交给曾国荃。曾国藩并不想自己的弟弟一上任就与左宗棠树敌，于是就向朝廷请命，说弟弟曾国荃因病需要回老家调养一段时日，实际上是在给左宗棠时间。只要左宗棠一日不交出官印，曾国荃便一直待在老家。

这样一来，朝廷不免对左宗棠的蛮横无理有了一些意见，便压住他应得的军饷不给，希望左宗棠能够自己服软。不过，左宗棠岂是那欺软怕硬之人，就这样跟朝廷耗着，仗还得继续打，军饷却已经是一个大窟窿了。

胡雪岩听了左宗棠的话，知道自己定然是劝他不得的，只好顺着他的意思说道：“论功行赏是最基本的原则，朝廷这样做的确有些过分了。”

“岂止是过分，想我左宗棠一辈子征战杀场，打过的胜仗不计其数。自从曾国藩得势之后，朝廷的国库便仿佛只为他一个人开的，各省上交的军饷都要他先拨用之后才能轮到别人，我最看不惯这种风气了！”左宗棠说毕将手中的茶杯重重地放在了桌子上。

“左大人息怒。依我看，朝廷拖欠左大人的饷银也可能就是因为国库虚空而已，若是大人信得过我，雪岩愿意帮助大人暂时渡过难关。”

“那就劳烦雪岩老弟费心了。”左宗棠其实早就在等胡雪岩说这句话了，他们二人一个是手握重兵却缺少饷银的将军，一个是经营着好几个钱庄的阔绰老板，若是胡雪岩能够在这个时候出手帮他一把当然最好不过了，况且带兵打仗在外遇到经济上的问题向钱庄借贷者也是大有人在的。

胡雪岩从左宗棠那里回来之后冥思苦想了整整一夜，若是直接从自己的阜康钱庄拿银子出来借给左宗棠，只要朝廷一日不给军饷，左宗棠这里的银钱短缺就会像无底洞一样填不完，若是左宗棠最终因为什么事情不能归还这些银子，胡雪岩就只能吃个哑巴亏了。

想来想去，胡雪岩想到了一个好办法。杭州城中的富户不只他一个，恒昌米行的金老板、荣升布行的张老板和杭州除了阜康以外的几家钱庄的老板都有着雄厚的经济实力，杭州城像他们这样家底殷实的富户足有上百家之多，若是将这些人集合起来开个善局，定期募捐银钱作为军饷直接赠送给左宗棠，一来可以减轻自己的负担，二来左宗棠也会更加喜欢。

这样想着，胡雪岩便差人拟了请帖，在杭州城最大的酒楼包场定了宴席，邀请杭州城这一百多家富户赴宴。

在杭州城能摆这么大排场的人也就只有胡雪岩了，那些富户看到请帖是胡雪岩差人送来的，也都十分给面子，即使不知道是什么事情也前来捧场。席间胡雪岩向所有来宾说明了准备举办善局的事情，众人碍于情面即使略有不满也并没有在酒席上直接说出来。

三日之后，到了善局第一次筹备善款的日子，胡雪岩早早地便等在阜康钱庄，备好了茶水等着富户们上门捐款。不过，胡雪岩在钱庄等了一天，也不过只有三十几户派人来送银子，数目也是少得可怜，远远低于胡雪岩之前的预料。胡雪岩自然明白这是怎么回事，大家都知道善局上捐出去的钱款就像泼出去的茶水，是绝对收不回来的。若是直接给关乎自己生意的乡绅、官吏送钱，银子送去了还能听见个响声，而为胡雪岩筹办的善局捐银子，简直就是在帮助胡雪岩向左宗棠买人情一般，对自己虽然没有什么坏处，却也实在找不出什么实际的好处。

胡雪岩几番打听之后得知恒昌米行的金老板在背后没少说坏话，使得几十户富户跟他一起不言不语地抗捐。若是能说服这个金老板，捐饷的事情还是有一些希望的。

胡雪岩听闻金老板唯一的儿子金甫宣已经捐官多年，无奈当年为官的那位亲戚还没有帮助甫宣补上实缺就因为不小心得罪了上边的人而被革了职，金甫宣当官无望，在家一待就是三年。金甫宣自小饱读诗书，完全是一副书呆子的模样，对经商的事情一窍不通，金老板见儿子仕途无望，又对自家的米行完全不感兴趣，急得差点生出一场大病来。胡雪岩觉得若是能帮助金老板解决他儿子甫宣的问题，自己的善局一定能得到金老板的鼎力相助。

胡雪岩知道金老板素爱玉器，便从家里选了一件早年友人送给自己的玉佩，用红布包好装进一个锦盒里，又将锦盒放进了袖筒。胡雪岩赶到金老板府上的时候正赶上他在书房中教训儿子，见胡雪岩来了，连忙将他请至客厅，吩咐下人奉上好茶。金老板明知道胡雪岩是来干什么的，却装作不知道地问：“是什么风把胡大善人吹到了我金某的小庙堂里呀？”

胡雪岩知道这“胡大善人”的称号在此时用分明是在取笑自己，却并没有太在意，微笑着答道：“像金老板这样足智多谋的人当然不会不知道雪岩来此所为何事。”

金老板见胡雪岩并不示弱，也就不再用言语为难他，只道：“若是为善局的事情而来，金某无话可说。”

胡雪岩坚定地答道：“当然是为善局捐饷之事而来，不过，这不是我来拜访金大人的唯一目的。”

“哦？那请问胡老板还有什么目的？”金老板不屑地问道。

“雪岩前几日得到一块玉，不知成色如何。素闻金老板有鉴定美玉的爱好，特拿来给金老板瞧瞧。”胡雪岩说着便将藏在袖筒里的锦盒掏了出来，打开锦盒再掀开红布，一块晶莹剔透的碧玉立即在阳光的照射下放射出幽幽的光彩。金老板看见玉佩之后眼睛一亮，立即凑近看了看，又拿起来摸了摸，对着阳光反复照了照，啧啧称赞道：“真是一块不可多得的好玉啊！”

“果真如此？真是可惜了……”胡雪岩突然叹了一口气。

“胡老板得了如此美玉，为何还叹气？”金老板不解地问。

“今日若不是拿着这美玉来拜访金老板，雪岩也许这辈子也不会知道这美玉的价值，这种情形对于这块玉来说是多么悲哀啊……”胡雪岩说道这里顿了一顿，又慢条斯理地说道：“雪岩听说金老板的儿子甫宣饱读诗书却怀才不遇，可有此事？”

胡雪岩一下戳中了金老板的死穴，弄得对方半晌没有说话，胡雪岩继续说道："千里马若是遇不上伯乐，就只能像这块美玉，放在不识货的人手里，美玉也就失去了原本的价值。"

金老板听出了胡雪岩这是话中有话，便急切地问道："胡老板可是已经找到了能够识马赏玉之人？"

胡雪岩笑了笑道："金老板果然聪明。"

金老板突然站起来向着胡雪岩恭恭敬敬地行了一个大礼，惭愧地说道："以前的事都是金某不对，还请胡老板不要放在心上。若是胡老板肯帮助甫宣谋个前程，我金某这辈子都会感恩戴德！"

胡雪岩连忙回礼道："金老板不必客气，雪岩早就听闻金公子饱读圣贤书，是不可多得的人才。我在上海有一位朋友名唤薛焕的，虽不是什么大官，却能帮助甫宣补上实缺。薛大人爱才如命，若能请金公子到上海见上一面，此事就更为妥当了。"原来，薛焕早就跟胡雪岩说过，自己在上海那边已经十分吃得开，若是有什么需要帮助的尽管说就是了。胡雪岩遇到金老板抗捐之事后立刻想到了薛焕，若是能帮助金甫宣补上个实缺，金老板的事自然就顺利解决了。胡雪岩将自己的想法写信告诉薛焕，很快便收到了回复，薛焕答应帮这个忙，只是要补缺之人一定是要有真才实学的才好，金甫宣刚好符合薛焕选人的标准。

金老板虽然不知道薛焕是谁，但是听到胡雪岩口口声声地称呼他"薛大人"，就知道这件事八九不离十了。金老板赶忙唤下人到厨房准备酒菜，当晚便留胡雪岩畅饮了一番。

第二天金老板派人送来了一万两的银票，说是用于善局捐饷，此后几日，其他几十户富户也陆陆续续前来捐饷。胡雪岩顺利地完成了对左宗棠的承诺，帮助他解了燃眉之急，自己也得到了左宗棠更大的赏识。

第六节　开办胡庆馀堂，利人利己

话说胡雪岩有了开办制药厂的想法之后，并没有急于挂牌营业，而是与刘神医一起研制了几种适于行军携带的特效药丸。直到热内军官的朋友托尼来杭州找胡雪岩要求签订购药合同，胡雪岩才真正开始着手创办制药厂的相关事宜。

胡雪岩的阜康钱庄在北京开有分号，他在进京活动的时候曾经见过颇有气派的制药厂同仁堂。同仁堂采用前店后厂的经营模式，面向大街的门脸看上去是一副普通药店的样子，柜里一层层的抽屉全是中药，前堂还有坐诊的郎中。与其他药店略有不同的是，在同仁堂的店中有一组货架是专门用来陈列同仁堂自制药丸、药剂的。而在门脸后面则是一个小型的制药工厂，药师按照同仁堂祖上传下来的古方用秘法炮制丹丸，这些丹药都有不同的对症，而且药效极佳。

胡雪岩回到杭州之后，发现杭州的药店多是只抓中草药，即便是有出售的丹丸，也多是不远千里从同仁堂进的货，价格上自然要高一些。为了帮助杭州城百姓抵抗瘟疫，胡雪岩得到了刘神医的鼎力相助。由刘神医自制的特效药丸有效，胡雪岩也想到了自己也许可以在刘神医的帮助下创办一间制药厂。胡雪岩给自己的制药厂取名胡庆馀堂，在为托尼备齐远送法国的十五箱药丸之后，胡雪岩的胡庆馀堂便正式开始挂牌营业了。

胡庆馀堂开业后像杭州其他几家药店一样，绝大部分业务都来自前来寻医问药的散客。一日，胡雪岩从阜康钱庄前往胡庆馀堂，在药厂外看到一个衣衫褴褛的小孩子正巴巴儿地看向药店里面。胡雪岩走到小孩子的身边问道："小家伙，你在这里做什么？"

小孩子胆怯地看着胡雪岩，结结巴巴地说道："父亲……病了。我，没钱……"

胡雪岩顿时明白了这是怎么回事，马上把小孩子带到了正在店后药厂里监督制药的刘神医。胡雪岩向刘神医说明情况之后，刘神医迅速背起自己的药箱随小孩子到他家里去为他卧病在床的父亲诊治。那个小孩子的父亲患了风寒，若是看得不及时，很可能会丧命。胡雪岩请刘神医为他免费看病，又从胡庆馀堂抓了药煎好让小孩子带回家，分文不取。小孩子的父亲病愈后特意到胡庆馀堂找到胡雪岩和刘神医道谢，这件事深深地触动了胡雪岩。

为了造福杭州百姓，也为了打开药店的名声，胡雪岩在胡庆馀堂刚开业不久实行了十天的义诊和免费赠药的优惠。刘神医对胡雪岩此举十分赞赏，自告奋勇地加入了义诊医生的行列。除了刘神医以外，胡庆馀堂还有其他几位胡雪岩请来的老中医，虽然医术没有刘神医那样高明，但是看些常见病也绰绰有余了。胡雪岩让人在胡庆馀堂门前用大张的红纸贴上了义诊、送药的告示，然后又放了几挂鞭炮，惹得很多杭州百姓驻足观看。

义诊的第一天，胡庆馀堂门前挤满了人，有的是来看病，有的是来看热闹。看病的人当中有一部分是冲着刘神医的名号，这部分人在取药时大多自动留下了药费；还有一部分人是专门为免费赠药来的，见到真的能从胡庆馀堂免费拿走药品都高兴极了。

虽然是免费义诊、送药，十天下来胡雪岩并没有亏太多的银子，很多人一开始慕名前来看病拿药，回家服过之后发现效果极佳，下次再来时就自动缴费了，胡雪岩对此感到十分欣慰。胡雪岩开办胡庆馀堂既是为了自己谋利，也是希望胡庆馀堂研制的丹药能够真正帮助百姓解决病痛，可谓是一件利己利民的大好事。

有一天，古应春来杭州办事，特意前来拜访胡雪岩。古应春看见胡雪岩开起了制药厂，吃惊之余又觉得正常，在他看来，胡雪岩不管做什么都会成功，因为他有一双极具洞察力的眼睛和一颗善良诚实的心。古应春来的时候正赶上胡雪岩在为法国人托尼准备另一批特效药丸，古应春感到十分有趣，胡雪岩居然把中国人的传统医学漂洋过海地发展到了国外。与此同时，古应春也想到了一个帮助胡雪岩扩大制药厂业务的好办法——在报纸上登广告。

“雪岩兄，我曾经见过洋人阅读的一种纸质传单，名曰‘报纸’，就是将各种新闻整理、编排之后印刷在一张很大的纸上，这样一下子印出成千上万份一模一样的报纸在街头贩卖，人们用很少的钱便能买来一份，阅读之后便可知道省内外最近发生的一切大事。”

“哦？这倒的确是个不错的办法，比起以讹传讹、道听途说要好得多了。”胡雪岩说道。

古应春笑了笑说道：“还有更妙的，一开始这报纸上只是印一些新闻时事，时间长了，有一些人必然天天要买来看。报社便有了歪点子——为一些商行的商品打广告，只需几句好话印在报纸上，那成千上万的买报纸看的人便都知道有这样一种商品了。”

胡雪岩眼睛一亮说道：“这个法子实在是太妙了！”

古应春继续说道：“雪岩兄何不尝试着学着洋人的样子在报纸上登上一则胡庆馀堂的消息，那样的话我保你的生意会越做越大。”

胡雪岩不解地问道：“这不是洋人的东西吗？”

古应春笑道：“上海是事物发展都要比别的地方快一点，我来之前上海刚刚开办了一家报馆，若是雪岩兄有这个意愿，只需为胡庆馀堂写上几句好话，我回去之后帮你把它登在报纸上即可。”

“如此甚好！我马上把胡庆馀堂的丸药方子整理一下，看看如何夸一夸才好。”胡雪岩立即开始着手准备这件事情，在古应春离开杭州之前将一个文案交给了他，上面罗列着胡庆馀堂的几个主打产品的功效。半个月之后，胡雪岩收到了一封古应春从上海寄来的信，一拿到信，胡雪岩发现信封鼓鼓囊囊的，赶紧拆开来看，果然是一张上海报馆发行的报纸，在报纸一个页面靠边的位置上正是用小楷写着的关于胡庆馀堂开张的消息，下面还罗列着几个特效药的名称和疗效。胡雪岩感到十分高兴，像这样把制药厂的广告刊登在报纸上的恐怕只有胡庆馀堂一家而已。

连胡雪岩自己也没有想到，广告的效应竟然会来得这么快，在短短的一个月之内，胡雪岩先后接到了来自大江南北的多个订单，除了有两份来自洋人以外，其他的都是看了广告之后慕名而来的。这些人对胡庆馀堂并不了解，但是，单凭胡庆馀堂敢于在报纸上登广告这条来说，人们就愿意相信这里产的药定是有不错的疗效的。不过，出于谨慎考虑，这些订单多是小额订单。胡雪岩连忙又多请了十几位制药师傅，快马加鞭、保质保量地制作出了客户需要的各种药丸和药剂，然后妥善地分配好发送出去。

几个月之后，胡庆馀堂已经成了江浙一带远近闻名的大制药厂，甚至还有来自京城的药商前来采购“诸葛行军散”等特效药丸，这说明胡庆馀堂的名声已经可以与同仁堂并称了，这让胡雪岩感到格外惊喜。

不过，随着来自四面八方的订单越来越多，有一个问题正亟待胡雪岩去解决，那便是药材的采购。最开始的时候，胡雪岩都是差人专门到药商那里去采购药材。慢慢地，生意做大了之后，为了节省成本，胡雪岩便开始尝试像收购蚕丝一样直接向种药的农户采购药材。虽然说药农种植的药材相对来说比较单一，但只要在全国各地的产药区都签订购药合同，便会有各种各样的药材按照时节源源不断送过来。

有一天，胡雪岩翻看账本的时候发现最近胡庆馀堂在药材采购方面的支出有所增加，便找来账房询问原因。原来之前合作的几家药农因为天灾导致药材减产，药材供应断流，店里只好暂时找到药商进货，支出自然就多了起来。更加糟糕的是，近几年自然灾害多发，药材又比一般的农作物要娇气一些，很多药农觉得种药风险比较大，都想要改种药为种田，来年药材的产出很可能会大幅度的减少，不但需要重新寻找合作的药农，还可能会在药材收购上付出更多的银钱。

弄清这些情况之后，胡雪岩想到了一个好办法，他亲自写信给那些药农，信中说明有些药材比较娇气，遇到灾害容易血本无归，自己十分理解药农的苦衷，但还是希望药农不要改种药为种田。胡雪岩还承诺请几位药农按照之前的订单履约，若是因为发生自然灾害导致药材歉收，他愿意以自己的钱庄为依托借贷银钱给药农渡过难关，利息则分文不取。得到了这样的保证，那些原本打算放弃种药的药农又重拾信心，并且更愿意为胡庆馀堂提供药材。

当年胡雪岩开办阜康钱庄之时，并没有想到日后会有这般飞黄腾达的光景。同样的，胡雪岩在创办胡庆馀堂的时候也没有想到自己的制药厂能够跟同仁堂齐名，甚至在海外的名声远远高于同仁堂。

第五章

疯狂敛财，成为江浙第一大“金融寡头”

第一节　有左宗棠做靠山，如虎添翼

对于一个商人来说，怎样能最大限度地取得利益，是其日思夜想，并极力去追求的事情。在那个时局动荡的年代，商人要想挣到钱，就必须要有一个靠山。这个靠山给他提供的庇护越大，他得到的个人利益就会越多。

胡雪岩是一个善于因势利导的商人，他对于自己的认识和对时局的判断，都为他的成功提供了强有力的保证。胡雪岩的个人素质，早在其做学徒的时候就已经修炼到了一定的火候，对于一个成功商人所必备的“因”，他已经完全具备了。他也清楚，自己还需要一个外在的“缘”，这样自己的生意才能真正地有成就。

这就是他在早年资助王有龄的原因。胡雪岩虽然从王有龄那里得到很多的回报，但是这远远不能满足他的胃口。之后王有龄的离世也给他敲响了警钟：只有找一个力量比较强大的靠山，才有可能长时间更好地去经营自己的事业。

当杭州被太平军攻破之后，王有龄死于城内。胡雪岩就在乱世之中再次寻觅适合自己的靠山。在当时的时局之下，胡雪岩有两种选择。第一种选择就是投靠李秀成，和太平军做生意。如果是一个目光短浅，唯利是图的商人，看到清军败了，一定会投靠太平军。而胡雪岩却清醒地认识到，太平天国虽然闹得很凶，但是必定不会长久。因为洪秀全也想当皇帝，而且比朝庭更加腐败，不久必被消灭。于是，他就在清军将领中寻找可靠的靠山。

机会很快就来了，由于王有龄死于杭州，清政府又派左宗棠任浙江巡抚，稳住局势赶走李秀成。他看到左宗棠是一个为人很正直的将领，而且手上握有重兵，觉得他日后一定会大有作为。于是，胡雪岩沿江而下到达江西，主动投到左宗棠的麾下。

胡雪岩清醒地认识到，如果只是为左宗棠出些主意，捐助一点钱，可能会引起巡抚大人的注意，但是并不会引起左宗棠的重视。当他得知左宗棠要引军东进，而军中的粮草已经接济不上的时候，心中已经找到了一条让左宗棠信任自己的妙计。

果不出胡雪岩的预料，左宗棠的大军行至衢州的时候，由于军中无粮，士兵哗变，一石揭起千层浪。左宗棠为此大伤脑筋，眼看着自己苦心经营的这点家底就要因为粮食而毁于一旦，自己很有可能一夜之间将一无所有，他一筹莫展。正在这个时候，胡雪岩看准了机会，将原先为王有龄准备的二十万石粮食，双手献给了左宗棠。

左宗棠原来只是将胡雪岩看成是一个为了得到一点好处，而主动来向自己献媚的商人而已。没想到胡雪岩竟然能在这危难时刻给自己带来二十万石的军粮，自此之后，左宗棠对胡雪岩另眼相看。当左宗棠从一个穷官，变成要风得风，要雨得雨的大帅时，胡雪岩就变成了不可替代的财神。而从胡雪岩的角度来，他要的也正是这样的效果。

第二节　经办粮台转运，垄断地方财政

如果说胡雪岩和王有龄的勾结，只是他经商历程中的一次短暂“初恋”，那么他和左宗棠的结合，应该说是一次长久而真诚的“热恋”。胡左两人的“热恋”，使得他们双双达到了各自人生的顶峰。胡雪岩得到了更多的利润，而左宗棠也在官场上扶摇直上。

左宗棠清楚，自己虽然是一个带兵的将领，但是这个将领是一个穷光蛋。不光没有钱，连军械和粮食也是用了这一批，下一批就不知道去哪筹集的。向朝廷要，那几乎是不可能的，国库里的那点银子，早就入不敷出了。当胡雪岩为他送来救命的二十万石粮食之后，他已经看到了日后胡雪岩就是自己有力的经济后盾，自己可以没有后顾之忧地去前方打仗。

左宗棠是一个有头脑的人，他先将自己军队的筹粮工作全部交给了胡雪岩。这既是一次对胡雪岩的考验，也是左宗棠自己主动向胡雪岩迈出的第一步。有了这一步，就会有第二步、第三步。胡雪岩得到了左宗棠的认可之后，他很明白让他筹粮的深意。

对于胡雪岩来说，只要能为左宗棠筹到军粮，其他的事情都好办。有外人找麻烦，只要搬出左宗棠的名字，只要搬出前方战事吃紧，需要马上办理，地方上的官吏和商人没有一个敢说“不”字。

左宗棠授权胡雪岩去筹备楚军的军粮，这是一件十分重大的事情。起

初还能以商人的名号去筹集，随着军粮数量的增加，胡雪岩就需要到更广阔的地域去购买更多的粮食。对于非官方的势力，他可以很轻易地就摆平，但是跟官府打交道，多少还是有一点不方便。

左宗棠也意识到了这一点，用胡氏的银子，怎么也得给人家一点名份。早在汉代，就有 “纳粟千石拜爵一级”的记载，朝廷之所有能战胜太平军，胡氏的功劳是不能抹杀的。于是他想自己可以向朝廷给胡雪岩请一个官职，这不会有任何的问题，那些反对自己的人也翻不起什么大浪。于是在左宗棠的努力下，胡雪岩就从“粮商”转变成了“粮官”。

虽然胡雪岩只是在朝廷中挂了一个没有实权的职，但是已经将其个人的生意合法化，换一句话说，他的一切经商行为都得到了朝廷的认可。这是其他商人做梦都想得到的“尚方宝剑”。只要朝廷有需要，胡雪岩可以到任何一个地方去购买军粮。由于他是一个很会收买人心的商人，只要跟他有过生意往来的人，都觉得他是一个十分可靠的人。

许多粮农一听说是胡雪岩来收粮了，都很踊跃地将粮食卖给他。因为胡雪岩的价格合理，也不欠款，更不会出现抢买抢卖的情况。附近的粮商也愿意跟胡雪岩合作，将自己粮仓的粮食转让给胡雪岩。对于晚清时期的中国，如果谁能掌握到一个地方的粮食，那么他就在很大程度上掌握住了地方的命脉。

胡雪岩为左宗棠购买到了军粮，使得他在前方不会再为粮食担心。而胡雪岩在购粮的过程中，也得到大把的利益。在购粮之初，胡雪岩花的是自己的银子，而到最后朝廷也不会将购粮的钱再还给他，因为朝廷本来就没有钱，于是，就会拿出一些“白条”来敷衍一下他，这是朝廷用商人的钱办自己的事的惯用的招数。

不过对于胡雪岩来说，他要的就是朝廷给他的“白条”。对于一般的人来说，白条没有什么用，但是对于胡雪岩来说，却是他所期待的。胡雪岩在军粮上花的每一分银子，都是在为他日后的生意铺路。他购买的军粮越多，其个人在商界的威望也就越大，他不担心自己的银子花出去收不回来。因为他知道，在乱世你手里有一大笔存粮，比有一座金山还要重要。

胡雪岩每到一个动荡的地方，那里马上就会稳定一些。因为人们都知道，朝廷几十万石的军粮都是他采办的，只要有胡雪岩就会有粮食。当人们不担心没有粮食的时候，日常的生活和社会秩序就会得到恢复。对胡雪岩来说，所有人创造的价值，总有一天都会落到他的腰包里。

当胡雪岩的银子都花到了军粮上之后，他必须得想办法再筹集到银子。这个时候，他的钱庄就成了一个活的提款机。只不过提款机里的钱都不是胡雪岩，而是从别人的腰包拿出来的。不管是散户、大客商，还是官太太，甚至是洋人，都愿意将钱存放到他的钱庄里。因为他的钱庄里可以得到更多的利息。

而胡雪岩的利润从哪里来？高利贷是一个很重要的来源。对于乱世的当官者来说，他们上台后，要做的第一件事就是捞银子；但是在他上任之前，以及上任的初期，都需要大把的银子来维持。这个时候，钱庄就成了他们的救命稻草。

因为胡雪岩是官商，对于大多数的穷官来说，他们都愿意去胡雪岩的钱庄借钱。这样做，第一不会太失体面，第二可以经常借钱。虽然胡雪岩花自己的钱去为官府买粮，但是他们却明白，胡雪岩其实花的还是官府的钱。胡雪岩能做左宗棠的经济后盾，就能做他们的后盾，地方官需要的银子跟左宗棠比起来，那可是区区小数了。

当这些官员顺利上任或者上任稳定之后，就会捞到大把的好处，再连本带利全还给胡氏，这个时候他们已经不在乎那点利，因为他们已经腰缠万贯了。俗话说得好："三年清知府，十万雪花银。"从某种意义上来说，这些贪官们得到的银子，有很大一部分流向了胡雪岩的腰包。

当胡雪岩的阜康钱庄慢慢地将富商官吏纳入到他的流通范围之内以后，他就不光是"粮官"了。大到都府道台，中到富商大贾，小到平头百姓，在钱上都跟胡雪岩有瓜葛。在很大程度上，他就控制住了地方的金融和财政。

对于那些跟他有竞争关系的钱庄，胡雪岩只要轻轻地支吾几声，就会由地方的官吏出面，找一个罪名将其拿掉。开钱庄就是为了赚钱的，为了不让自己被灭掉，这些小钱庄就主动向胡雪岩靠近。每当胡雪岩向他们劝捐的时候，不管愿不愿意，他们都得面带着笑容，如数地交上去。从这个角度上来说，地方上的中小钱庄就成了胡雪岩的提款机。而胡雪岩觉得这些还不够，他还将手伸向了洋人的银行里。

每当自己的腰包里没有银子的时候，他就到洋人的银行里去借款。因为胡雪岩知道，洋人手里有钱，但是却找不到一个名正言顺的理由渗透到中国的金融体系中来。所以，每当胡雪岩向他们伸手的时候，总是能迎来一张微笑的脸。

有洋人的银行做后盾，摆平地方上的那些"小鱼小虾"，对于胡雪岩来说那真是小菜一碟。当胡雪岩走到这一步的时候，他的生意也就达到了一个新的高度。但是这种高度，是建立在一种强权的基础上，这一点我们必须要承认。

第三节　为左氏购买军火，大发横财

对于富商巨贾来说，当他们手中积累到大量的财富之后，最担心的就是安全。他们往往会找一个强有力的靠山，以保护好自己的财富，不会受到强盗的骚扰，或者黑道或和白道的巧取豪夺。但是，在他们的内心深处，还是担心靠山不可靠，在这种心理下，设置各种机关守卫，就成了许多人的选择。

对于胡雪岩来说，虽然有左宗棠作为后盾，但他还是很不放心。因为他清楚地认识到，在这个兵荒马乱的时代，只有自己的手里掌握了兵权，才能让自己那一颗悬着的心放下来。胡雪岩是一个十分聪明的商人，他懂得作为商人来说，不管你多么富有，你也只是一个平头老百姓，官家只要找一个罪名安在你的脑袋上，你就再也翻不了身。要想自己拥有兵权那是不可能的，但是只要有官府的授权，自己去为军队服务，就必然被当成他们中的一员，而且是他们的救星，因为胡雪岩清楚，在战乱时期，自己手中的银子比权势更有诱惑力。

当胡雪岩为左宗棠经办粮台，得到极大的重用和信任之后，他已经明白，下一步将会有更加重要的任务落到他的肩膀上。对于一支军队来说，除了粮食衣服之外，军械是能否打胜的另一个重要因素。胡雪岩想把这一块肥肉也放到自己的盘子里去，但是他没有主动去要，而是等着这一块肥肉自己送到嘴边。

在平灭太平军的过程中，胡雪岩抓住左宗棠兴办洋务没银子的弱点，自己出资帮助楚军建立了一支军队。同治元年，即公元1862年，时任浙江巡抚的楚军统帅左宗棠与当时驻守的法国舰队一起合作组建了一支军队。由清政府出士兵和钱，由法国人提供军械和教官，训练出一支被称为“常捷军”的军队。这一支中法联军，采用火器武装士兵，运用法国人的战略战术。

对于这一支“常捷军”的历史作用，或者说其到底打过多少次胜仗，我们不做评价。胡雪岩摸准了左宗棠的心思，为这一支军队的组建，跑前跑后一笔又一笔地往里面投银子，甚至直接到法国人的银行去贷款。

胡雪岩之所以能成为一个有巨大影响力的商人，是因为他能看到未来的巨大商机。

如果用现代的市场模式来看，胡雪岩其实是充当了一个中介的作用。买家左宗棠想要去购买法国人的军火，但是苦于一些面子和压力而不能直接去接触——法国人是侵略者，是清政府的敌人，左宗棠是一个爱国的志士，他不能直接去谈。而法国人想将东西全部卖给左宗棠，但是又不能直接将武器拉到左宗棠的军营，那岂不是又是一场战争？

胡雪岩看准了这个市场，在二者中间扮演了一个中介，或者说是一个忠实的奴仆。给买卖的双方都找了一个台阶和口实。对于左宗棠来说，让胡雪岩代理购置军械一事；对于法国人来说，胡雪岩给银子我就卖给他，由他送到岸上，总比法国人直接过去要方便多了。这样三方都有好处，何乐而不为呢？

对于胡雪岩来说，当这一支“常捷军”建立之后，虽然自己不是领兵的军官，但是这个“中法混血”的孩子是自己一手养大的，它还需要自己再不断地提供给养和物资，只要这支军队在，自己就在它的护佑之下。这一种护佑，要比脑袋上支着红顶子更可靠。

当胡雪岩到各处去采购粮食或者转运物资的时候，带上几个“常捷军”士兵，不管是地方官吏，还是土匪，甚至太平军和其他的地方武装，都敬而远之。这就为胡雪岩的经商活动带来了一个非常有力的安全保障。

黑白两道的人，都将自己的钱以各种名义存到胡氏的钱庄中，因为他们知道胡氏有“常捷军”的保护。就算是朝廷，对于胡雪岩也得睁一只眼闭一只眼，更别说其他的牛鬼蛇神了。当胡雪岩再去劝捐的时候，有“常捷军”作为门面，没有商家敢不捐。顺利地完成各项商业运营，一车一车的银子就通过钱庄流到了胡雪岩的腰包里。

对于左宗棠来说，他十分清楚地意识到，这一支“中法联军”，不算是朝廷的正规军，只是自己组建，或者说是胡雪岩组建起来，临时用来应付一下当前的局势。对于胡雪岩来说，这一支“常捷军”能存在多长时间，并不是十分重要的，因为当“常捷军”覆灭的时候，自己已经把投出去的钱全部都挣了回来。

第四节　勾结洋人，以权谋私

在晚清时期，外国列强的坚船利炮打开了中国的大门。当这些强盗用武力侵略的方式，打开了中国的大门之后，他们不得不面对另一个现实的问题——寻找自己的代理人，来为自己的利益服务，因为侵略者十分清楚，一味地屠杀远不如把更多的地，演变成自己的殖民地，微笑着控制一个国家远比暴力更招人喜欢。

对于一个真正的商人来说，他可以跟任何人做生意，只要能给自己带来利润。如果跟魔鬼做交易可以得到巨额的利润，那么商人也可以将自己的灵魂作为抵押。当胡雪岩的生意做到了一定的气候之后，仅仅靠一般的借贷，已经不能满足他的胃口。或者更确切地说，一个商人任凭你再有钱也不可能满足一个国家的战事需要。

左宗棠取得的一个个胜利，使得其在粮草、军火方面的需求越来越大。仅仅依靠胡氏的那点家底是不足以应急的。当胡雪岩背靠左宗棠，向中国的市场放眼望去的时候，他发现自己的对面正站着一群手握大量金钱的洋人。作为一个中国人，尤其是晚清时期的中国人，除了对腐败的清王朝恨之入骨之外，还对洋人充满仇恨。

可是，当胡雪岩听到钱的声音，他很快地转变了方式，不再如此地义愤填膺。因为他知道，像一个怨妇一样，在没有人听到和看到的地方去咒骂，对于事情的解决没有任何的帮助。为什么不利用一下洋人呢——利用一下他们手里的钱，为左宗棠办一点好事，也为自己谋一点小小的利润。

当太平天国运动兴起之后，躲在军舰上的洋大人们，开始打起了自己的算盘。“如果能让这个国家一直处于这样的动荡局势之中，我们就会有更多的机会去将其完全的殖民化。我们只有更多地在他们的日常事务中插进去几只脚，在日后跟其他列强分赃的时候，就可以多分到一点好处。”

在这些洋大人们的心里，一定十分迫不及待地想马上就将整个中国一口全部吞下去，并完全消化在自己的胃里。当众列强同时出现在中国的近海时，他们会因利益而发生纠纷，甚至会有冲突。实力雄厚的洋大人，不会对暂时的得失有太多的顾忌。而那些国力薄弱的洋人们，始终耐不住没有肉吃的寂寞日子，纷纷悄悄地在中国寻找其利益的代理人。

让这些代理人武装起来代表自己去办理一些事情，远比直接派兵侵略省时省力、效益非凡。当胡雪岩感觉到自己会成为这样一颗棋子的时候，就主动向洋人们示好，获得他们的支持。“常捷军”的组建就是一个很好的例子，也是一次很好的尝试。

当胡雪岩一步一步向洋人走近，洋人们给予他的贷款也越来越多，而当左宗棠的事业蒸蒸日上的时候，胡雪岩已经被牢牢地束缚住，成为了洋人的奴隶。只要胡雪岩有一点不听话，洋人就会念上几句紧箍咒，胡雪岩马上就会满地打滚，生不如死。

先给胡雪岩一点好处，让他对洋大人深信不疑，而后将胡雪岩变成自己的附庸，这就是洋大人们打的算盘。历史的事实证明，洋大人们的算盘，最终还是成功了。当胡雪岩因为生丝，而跟洋大人们不和的时候，洋大人只用了一点小小的手段，就让胡雪岩顷刻垮台。

胡雪岩本是一个民营企业家，随着企业越做越大，创造的利润越来越多，就需要有更广阔的发展空间。如果胡雪岩活在21世纪的中国，必将会有一翻更大的作为。然而，他生活在晚清时代，这就使得他必须要为自己创造一个相对良好的发展环境和投资环境。

在晚清时期中国也不乏名富巨贾，但是大多数只是在中国人的范围内做一些赚钱的营生。而胡雪岩的胆子比这些人大，他敢于利用洋人来为自己的经营活动创造价值。

一方面，胡雪岩利用洋人的银行为自己的经营活动筹集到更多的流动资金，以便于及时地解决资金周转的问题。在很大程度上，从洋人那里借过来的钱，都直接或者间接用在了左宗棠的楚军身上。

在晚清时期，与楚军同时存在的地方武装，还有曾国藩的湘军，以及李鸿章的淮军等，他们之间存在着各种各样的矛盾。在许多的问题上，互相干涉，影响对方的进程，都想自己一家独大。

左宗棠几次差点被李鸿章算计，是胡雪岩帮他解决了燃眉之急。从胡雪岩的角度来说，他只是承担了一定的风险，将洋人的资金拿过来为自己的前程服务。在承担了高风险之后，他也得到了属于自己的那一份财富。

另一方面，胡雪岩作为一个商人，他没有太大的信心和势力去左右局势。虽然胡雪岩也算是一个有红顶的商人，但是这个红顶只是用钱买来的一个门面而已。但是，在晚清时期，洋大人们却可以很轻易地就左右清政府的许多政策。虽然胡雪岩从洋大人的银行里贷款没有通过清政府的允许，属于非官方的贷款活动。但是，洋大人还是希望这种行为跟清政府扯上关系，并让其保证自己的资金不会出现任何问题。这样洋人就会或明或暗地影响到清政府。而这种影响客观上帮助了胡雪岩，使他可以高枕无忧地进行自己的商业活动。

胡雪岩和洋人之间，曾经有一段蜜月期，因为他们双方在合作的过程中，都得到了自己所需要的利益。但是他们之间也存在着难以调和的矛盾：洋人想完全控制胡雪岩，而胡雪岩却一次次机智地摆脱了控制；胡雪岩一次又一次想白白地利用一下这些洋人们，让他们为自己服务，但也是一次次被反制。双方就是在这样一种相互利用又相互反制的状态之中不断地发展成合作伙伴。

不管是胡雪岩，还是洋人，他们之间的交易之所以能够顺利进行，还有一股重要的力量在无形之中推动他们前行，这一股力量就是官府的力量。对于清政府来说，虽然很腐朽，但是许多的事情由官府出面，总比胡雪岩或者洋人出面更容易办理一些。

当胡雪岩需要权力支持一下的时候，就会有清政府的官员出面，用官府的嘴为他传播一些利好的消息。当洋大人们需要权力支持的时候，清政府的官员们也会站出来，为“洋老爷们”镀上几层金。在胡雪岩和洋人的圈子里，清政府的官员们实际上已经成为一种工具，一种专门传播利好消息的工具。当然这种利好的消息，在大多数情况之下不针对普通老百姓。不管是为胡雪岩服务，还是为洋人服务，都是在为获取暴利的阶层服务。

清政府从老百姓身上拼命地搜刮民脂民膏，扣除官员挥霍掉的那一部分，大部分都落到了洋人的手里，而后变成他们侵略的资本。胡雪岩再将这些资本以高价借贷到自己名下，经过一系列流通之后，最后转变为军粮和军械。这一整个过程，都伴随着高额的利润。这些利润的取得，都是建立在对广大老百姓剥削的基础上的。这种商人与洋人之间的勾结，远比官商的勾结更使得国力虚弱，民生凋敝。

第五节　元宝街花园宅第

对于一个商人来说，他的成就有多高，只要看他的商业活动范围，看他拥有的财富数量，以及他在整个社会经济生活中的影响力，我们就可以得出一个初步的结论。胡雪岩在晚清时期的确是一位了不起的商人，他曾在一定程度上影响了整个国家的经济，以及其发展的方向。但是，他毕竟是一位生活在旧社会的商人，他的身上还有许多的问题。

胡雪岩作为一个商人，他到底有多少钱？这是许多人关心的一个问题，也是衡量其影响力的一个重要标准。据相关记载，他的个人财富一度达到三千多万两白银。我们不妨粗略地计算一下，三千多万两白银，折合成现在的人民币，会有多少钱？

三千万两换算成克，是十五亿克。按一克白银五元计算，十五亿克白银就是七十五亿元。当然，这只是一个计算题，实际的数量可能比这个多，也可能比这个少。我们不妨暂时以七十五亿作为一个数据，胡雪岩如果生活在现在，他将拥有七十多亿的产业，这是一个多么大的企业集团？

每一个人的成功和失败，都有一定的原因，除了外部的因素之外，个人的原因也是一个值得引起注意的因素。我们不需要将胡雪岩身上的问题一个一个地列出来，只要通过他的府邸就可以寻找到一些蛛丝马迹去探索胡雪岩成功和失败的原因。

对于传统的中国人来说，不管是官僚，还是富商，一旦拥有了一定的财富和地位。一般都会去做三件事，那就是“盖房、置地、纳妾”。这些事情，在胡雪岩的身上，照样发生了。富可敌国的胡雪岩，在拥有了巨额的财富之后，第一件想做的私事，就是修盖自己的府第。

中国有一句名言：“上有天堂，下有苏杭。”当左宗棠占领了杭州之后，胡雪岩就选择了一个合适的时机，为自己选择了一块宝地打造了一座富丽豪华的府第。地点就选择在杭州市的元宝街，这是一条位于牛羊司巷和金钗袋巷之间的古朴去处。南宋时期的大奸臣秦桧，以及赵构退位之后，都曾在这一条街道上居住。元代这里曾是浙江省府的府库所在地，一块一块的青石板，记录着从这里进进出出的巨额财富。

两侧高高弯起的墙，就像元宝船的两翼，再加上光滑的石板路，就好似铺满了无数的元宝。胡雪岩选择这样的地方修建自己的府第，可是花了不少的心思和银两。这也在一定程度上，体现了胡雪岩的雄心和壮志。

第六章

荣耀至顶，黄马褂加身声名远播

第一节　江西候补道，赐穿黄马褂

当胡雪岩感觉自己的阅历已经足够应付官场的风险时，他就捐了一个官，并在左宗棠的帮助下到吏部活动，讨到一个候补道台的职位。走到这一步，胡雪岩已经快要接近他的仕途之路了，只要有地方有道台空缺，他就可以立即走马上任。胡雪岩不缺钱，也有自己的关系，如果给他一个道台的官做，他完全可以做得很好。

道台在清代是正四品官，是处在省和府之间的地方长官，拥有很大的实际权力。从这个意义上讲，如果胡雪岩真能做这个道台，他也许能做一个好官，会有一个好的升迁，就像其他官吏一样，衣锦还乡封妻荫子。或许也会淹没在众多的官吏之中，而不会再有大的发展。但是，胡雪岩的道路，似乎上天早就已经安排好了。

对于左宗棠来说，他需要的是一个能为他筹集军费、粮食、军火以及物资的商人。他给予胡雪岩一定的官场方便，只是为了让他更好地去为自己的大业办理相关事项。左宗棠其实并不需要一个做官的胡雪岩，这一点胡雪岩心里也十分明白。而对于朝廷来说，有一个左宗棠就可以办理许多的事，如果再将左宗棠手下的一应人等都提拔到朝廷做官，尤其是做手握实权的地方长官，这是朝廷所不愿意看到的。

胡雪岩处在这样一个十分尴尬的夹缝之中，想进不能，想要退，自己脸面上又过不去。他的仕途之路，近在眼前，但是他却不能伸手去拿，只能背着一个候补江西道台的职位为左宗棠跑前跑后。显然，有了这个正四品的职位，虽然没有真正去做这个江西道台，但是他做的事情，已经远非一个道台能办成的。从胡雪岩的角度来说，这样对他已经十分公平。

虽然胡雪岩只是背了一个候补道台的名分，但是他却做了许多封疆大吏也很难成就的事情。当他的名声和功绩被广泛地传播出去之后，朝廷本应该给予他赞扬和提拔，为他提供一个更为广阔的空间和舞台，但是，对于晚清朝廷来说，他们不愿意看到有太多的权力被分散到地方官员手中尤其是分散到那些手握兵权的人手中。

虽然胡雪岩本身并没有一支自己的军队，但是他却能建立一支这样的军队。从某种意义上来说，左宗棠的楚军，之所以能在晚清的乱世之中脱颖而出，这跟胡雪岩有着密切的关系。其实，朝廷早就视胡雪岩为眼中钉肉中刺，只不过还有许多事情离不开胡雪岩，所以就由他在左宗棠的门下接着为朝廷办一些大事。对于胡雪岩在办事过程中拿到多少好处以及有其他一些不法的行为，朝廷都不去追究。这样一方面将胡雪岩安抚住了；另一方面，也为日后办理胡雪岩留一些把柄。

胡雪岩为左宗棠的大业做出了杰出的贡献，但是因为朝廷中的纷争不断，自己又不能给胡雪岩一个名正言顺的政治名号，所以左宗棠很是过意不去。如果左宗棠执意要为胡雪岩请官，朝廷也一定会同意。但是，如果这样的话，就等于告诉朝廷，左宗棠和胡雪岩是一党的。这种朋党的争斗和祸害，左宗棠很明白。那样只能让自己跟胡雪岩更早地一起成为朝廷的心腹大患。在没有办法的情况下，左宗棠就请皇上赐黄马褂给胡雪岩。

当胡雪岩有了黄马褂之后，对于左宗棠来说是给胡雪岩一种回报，虽然他只是候补道台，但是他却有皇上御赐的黄马褂，其他的地方官员见到胡雪岩就会感觉低他一头；对于朝廷来说，给胡雪岩一件衣服总比将一个地方的大权交给他更好一些。这样做不仅能安抚胡雪岩，让他更好地为朝廷做事，而且还能给左宗棠一个面子。

胡雪岩初入仕途的时候，心中十分高兴，也有一种功成名就的感觉。但是，随着时间的推移，他慢慢地体味到，自己被圈在了一个十分狭窄的空间和地域之中。以前那个想做什么就做什么的胡雪岩，已经不复存在了。当自己的头上被朝廷戴上这一顶红帽子之后，就好像是被套了紧箍咒。朝廷只要念上几句咒语，自己马上就会头疼不止。

而以前，那个能无限支持自己的左宗棠在许多事情上也不能再明着帮扶自己了。胡雪岩就好像走在一座独木桥上，一不小心就有可能掉到河里。游走在权力的边缘，让胡雪岩心中十分不安。为了让自己的心更加安定一些，他决定去做更多的实业，这样可以为国家做更大的贡献，也为老百姓做更多的事情。

但是，胡雪岩做再多的事情，也不能摆脱皇权的控制。对于胡雪岩来说，他做了什么对朝廷来说都不太重要，重要的是，朝廷怎么看待胡雪岩。当朝廷将胡雪岩认为是左宗棠一派的人之后，无论胡雪岩做什么，对于朝廷来说，都只是在不断地挑战皇权。

第二节　商运和官运，两条腿走路

运气对一个人来说，是一种看不见、摸不着的东西。但是，有些人往往比其他的人走运，同样的现实环境，类似的主观条件，却有着截然不同的成绩。对于胡雪岩来说，从一出道起就利用个人的才智，一次又一次地让自己从困境中解脱出来。从王有龄到庚子之变，再到杭州城破，左宗棠西征，福州船政局等，一系列的大事，上天都好像给了胡雪岩最上乘的运气，让他在晚清的战乱之中一次次地站到时代的前沿，为自己也为国家带来了不少的好运。

当他的靠山左宗棠走上自己的权力高峰之时，胡雪岩也翻开了自己人生的新一页。一方面，他的商业之路已经到了一个更高的水平；另一方面，胡雪岩也走了他自己的官场之路。如果将胡雪岩的人生与之前做一个纵向的对比，就可以发现，胡雪岩已经朝着一个更为广阔的方向发展。如果他能成功，必定会成就一番名垂青史的事业。但是，有一句话说得好，“伴君如伴虎”，当胡雪岩跟权力对接上以后，他的人生就存在着极大的危险。这种危险，来自于他事业的方方面面。

胡雪岩在商业上取得的巨大成就，使得他为左宗棠提供了一种强有力支持。正因为他为左宗棠做出了杰出的贡献，才换来了他在官场上的青云直上。左宗棠对胡雪岩的支持又通过其他途径返回到胡雪岩的手中。单单从商业上来说，胡雪岩就已经走到一个高峰，用“春风得意”来形容一点都不为过。一度挂上官衔——虽然只是一个虚名，但是足见他已经开始走上属于自己的官场之路。

如果说胡雪岩真正是一个有运气的人，那么伴随他出生的，就有商运和官运两种运气。胡雪岩之所以要先后依靠王有龄、左宗棠，就是因为那个时候，他的商运已经成熟。

他依靠王有龄在庚子之变的特殊时期让自己阜康钱庄获得了其他钱庄几十年都得不到的利益。又通过左宗棠将私人的钱庄迅速推向国际化，与洋行建立起特殊关系，并通过外国洋行，得到数倍的好处，这是以前的胡雪岩连想都不敢想的。正因为有了这么多的成就和好处，使得胡雪岩越来越热衷走上一条属于自己的官场之路。这样他一方面经商，一方面在官场中有属于自己的地位，未来的前途一定会更好。当胡雪岩的商运和官运同时到来的时候，胡雪岩面临着一次选择。对于这一次选择来说，他有三个可以选择的路。

第一个，就是做一个纯粹的商人，不参与朝廷的政事；第二个，是做一个纯粹的政客；第三个，就是亦商亦官。对于第一个选择来说，胡雪岩是不能选的，因为一个没有以官府为靠山的商人，在晚清的特殊历史时期，会很轻易被对手打败。胡雪岩没有办法接受自己从巨商到一无所有的巨变。第二个选择，对于胡雪岩来说也是不可能接受的。因为他从王有龄和左宗棠的身上已经看到了，如果自己只是一个政客，就要跟自己的商业活动断绝开来，这对于一个从小在商场打拼的人来说是不可能接受的。一旦失去了商业活动而成为一个穷官，那样的日子胡雪岩根本没有办法过。第三个选择，对于胡雪岩来说，也不是一条十分平坦的路，官场的争斗他虽然没有亲自参与过，但是他多少还是有一些顾忌的。在无奈之下，胡雪岩不得不做出选择，选择了这一条亦商亦官的路。

既是一个商业骄子，又是朝廷大臣，胡雪岩在晚清的特殊历史时期，迈开自己的两条腿，在艰难中行走。一条腿是为商，一条腿是为官。但是，这两条腿的长短和力量大小却有着很大的差别。胡雪岩已经为商多年，他能轻松运筹帷幄，但是，对于为官胡雪岩实在是一个新手。

当胡雪岩没有为官之前，所有官场的那些麻烦，都由左宗棠来帮他摆平。他只要做好他的商业活动，能筹集到更多的钱以及其他物资，就可以顺利地完成使命。胡雪岩虽然一直坚定地支持左宗棠，但是在他内心深处仍有着自己从政的理想。而胡雪岩最后败落，也跟他的这种理想有很大的关系。

有时候，当我们看别人做一件事情的时候，总觉得十分简单，但是当自己亲自去做的时候，才发现原来事情并不是自己想像得那么简单。当胡雪岩迈开为商和为官这两条腿的时候，却发现自己并不能完全掌控局势。就这样深一脚浅一脚地蹒跚前行时，他没有了以往的自信，感觉压力从四周涌上来。当他再次想到左宗棠的时候，却发现左宗棠远远地看着他，却没有向他走近。

胡雪岩选择这一条亦官亦商的路是一条前人没有走过的路。他失去了朋友，也失去了依靠，只有朝廷那一份不怀好意的赞扬。当他真正站到以前日日夜夜想念的位置时，却失去了他应有的本性。于是，他转而将精力投放到更多的事业之中。这种事业，已经不再是为了某一个人，而是为了他心中的民众和民族。

当胡雪岩迈开自己的脚步向前走的时候，他才发现原来有这么多的不平之事摆在他的面前。他回过头来才知道自己虽然有万贯的家财，却时刻处在危险之中。朝中有人看着大红大紫的胡雪岩，心中生出万分的嫉妒，恨不得将胡雪岩整个都吃下去。但是，朝廷打着更大的算盘。

为了帮助左宗棠打太平军，以及后来的西征，使胡雪岩跟洋行建立起了一种特殊的关系。这种关系是一种商业的合作关系，但是又比商业合作更加密切。当胡雪岩和洋行之间相互利用的蜜月期度过之后，摆在双方面前的是为各自打算的将来。为了摆脱洋行的控制和束缚，胡雪岩决定跟洋人们斗争到底。然而，这一次上天不再眷顾胡雪岩，他并没有战胜洋人。生丝生意的失败，再加上朝廷内部的反对者跟洋人一起合伙，将胡雪岩逼到了一个死胡同。而就在胡雪岩万分危险的时候，他特别希望左宗棠能像当初自己帮助他一样，拉自己一把。但是，早已是时过境迁，左宗棠也由于胡雪岩的原因，而面临着前所未有的压力。当左宗棠不能再为胡雪岩提供保护的时候，也就预示着胡雪岩离以悲剧收场已经为期不远。但是，在跟洋人的斗争中，他还是展现出了一个民族商业骄子所应有的气度和魄力。虽然他失败了，但是却为我们留下了胡庆馀堂，留下了许多为后人警醒的教训，这些远非是用金银能买来的。正所谓“前事不忘后事之师”，胡雪岩的成功，以及后来的失败，都值得后人们去细细地品味——品味一个商人怎样在战乱之中迅速崛起，又如何在繁杂的环境中从自己的角度，做出有利于国家和民族的大事。

第三节　树大招风，危机四伏

中国有一句俗话："人怕出名猪怕壮。"对于胡雪岩来说，还有另外一句相似的话更适合成名以后的他，那就是"树大招风"。当胡雪岩还是一个商人，即使他开了自己的钱庄，跟王有龄建立联系，甚至他跟左宗棠有合作，虽然有许多的人，心中也会生出万分嫉妒，但是他毕竟不能对他们构成大的威胁。但是当皇帝亲赐胡雪岩黄马褂之后，也就注定了胡雪岩以后的路不会再像以前那样顺畅。

在晚清的特殊历史时期，对胡雪岩的发达，最仇视的是盛宣怀。本来这个盛宣怀也只是对胡雪岩暗暗地忌恨，却因为他在李鸿章的左右而使得这种恨有了可以发泄的机会。如果说胡雪岩是一只擅长奔跑的猎豹，那么盛宣怀就是一条隐藏在密林深处的毒蛇，他一直潜伏着，寻到一个合适的机会，就会一口咬住猎豹的咽喉，用不了多长时间，凶狠的猎豹也就一命呜呼了。

在晚清的舞台上，八旗子弟和绿营，已经失去了清军入关时的实力，变成了一群无用的废物。在这样一种情况之下，清政府不得不大力提拔那些有实力的汉族官僚让他们充当自己的走狗，扫清心中的隐患。而在众多的汉族官僚之中，有矛盾的很多，但是真正能让人不寒而栗的要数李鸿章和左宗棠了。

对于李鸿章和左宗棠来说，他们有着许多的共同点。他们有一个共同的老师曾国藩；同样在平定太平天国的战斗中，为清政府立下了汗马功劳；同样是提倡洋务运动，富国强兵；同样在清政府的旌旗之下，为国家效力。但是，从个人的能力上来讲，李鸿章比左宗棠要强，而且李鸿章的影响力在国内和国际上都要高过左宗棠。但是，因为左宗棠平定了新疆之乱，为中国收回了大片的领土，而李鸿章签订了一系列卖国求荣的不平等条约，所以许多人推崇左宗棠，而批判李鸿章。

曾国藩生前，李鸿章就是他的得意门生，也是其智囊之一。曾国藩去世之后，李鸿章继承了他的衣钵，在当时的朝廷之中有相当大的影响。对于一向以曾帅传人为标榜的李鸿章来说，他不能容忍左宗棠这个默默无闻的小人物一跃成为能跟他叫板的封疆大吏。更让李鸿章不能忍受的是，像平定西北这样的大事，朝廷竟然派左宗棠去，而不派自己去。从那时起，李鸿章已经把左宗棠当成自己潜在的竞争对手了。而更让李鸿章生气的是，左宗棠这个没有功名，没有钱的穷官，竟然在富商胡雪岩的帮助下，得到了朝廷的欣赏。这就使得李鸿章在朝廷上的势力被无情地削弱了。

其实从本质上来讲，盛宣怀跟胡雪岩之间并没有什么深仇大恨。如果说两个人有一点矛盾的话，那就是因为都在晚清的乱世之中办理洋务而存在的竞争。同行是冤家，这也可以为很多人接受，但是，当他们跟李鸿章和左宗棠的争斗交织在一起，事情就变得复杂起来了，就已经远远超出了人们的预期。所谓“一山难容二虎”，盛宣怀和胡雪岩两个人在李鸿章和左宗棠矛盾渐渐深化的过程中，也因为各自的利益而渐渐地变成了生意场上的对手。

虽然盛宣怀和胡雪岩两个人因为李、左二人的矛盾，而在利益上相互对立起来，但是，他们似乎在表面上并没有做过什么表示。胡雪岩是一个做事很高调的人，这样可以让他跟更多的人建立起一种合作的关系，并取得人们的信任。而盛宣怀是一个低调的人，他一般不会在公开场合做什么大的动作。他先是悄悄地潜伏着，观察着对手的一举一动，然后选择一个合适的时机，向对手发起致命的一击，根本不给对手一点喘息的机会。可以说，盛宣怀是一个城府很深，而且手段很残忍的阴险之人。

他知道胡雪岩是一个敢于冒险的商人，不仅在粮食、纺织、军械、医药、钱庄等行业中都有自己的产业，也将手伸向生丝收购之中，期望通过一番努力掌握生丝的收购业务，成为行业内有定价权的人物，盛宣怀就这样看到了胡雪岩的弱点。他先是从各地购买大量生丝，并将生丝卖给胡雪岩的收购商，而后和洋行买办以及其他人串通一气，抵制胡雪岩的生丝。当胡雪岩数次从洋行借款之后，仍旧没有找到突破口，可是他要面对的，却是国际市场上的生丝价格一降再降。在万般无奈的情况之下，他只能以低价卖出生丝大赔了家底。再加上要偿还因生丝而从洋行借得的贷款，不久，胡雪岩在全国的钱庄、银号纷纷倒闭。

可怜一代巨商胡雪岩，有皇帝亲赐的黄马褂，有顶戴，有无数的银子，也没有挽回他失败的命运。而且当胡雪岩在最困难最需要帮助的时候，左宗棠也不在身边，当得知左宗棠过世的消息后，胡雪岩彻底绝望了。

洋人们从胡雪岩对待生丝买卖的策略中就已经意识到了，他是要打破洋人的垄断，而将自己变成生丝的定价者。当盛宣怀向洋人们献媚加害胡雪岩的时候，其实正好合了洋人的心意。所以，当胡雪岩一而再地向洋行贷款的时候，洋行表现出一种前所未有的大度，胡雪岩感觉到这其中有一些问题，但是却没有意识到这是一次早就定好的阴谋，阴谋的目的就是把他彻底地打垮。

当胡雪岩的生丝生意出现危机的时候，洋人们多管齐下：一方面向其追要经营生丝生意的贷款，前后共计约一千万两白银，这对于胡雪岩来说，是一个致命的打击。而正在胡雪岩忙于兜售生丝，筹措各地的银两偿还这一千万两白银的时候，洋行另一方面又向他追要历年为朝廷借的贷款，约八十万两。原本朝廷每年都会以协饷之名，向胡雪岩偿还一部分银两以偿还他从洋行所贷的款项。但是，由于李鸿章从中作梗使得胡雪岩再没有了回天之力。

从胡雪岩帮助左宗棠平定西北开始，朝廷已经对胡雪岩产生了戒备之心。担心他有一天再去支持别的汉族官僚，做出对清政府不利的事情。当胡雪岩正处在危难的时候，朝廷却反过来对他下手。将其往年种种经营之中犯下的一些错误一起清算，给胡雪岩扣上了一系列的罪名，说他克扣运输费用、贪污腐化等，将他革职查办。

那个正四品的候补道台，以及御赐的黄马褂，在给他带来虚名之外，剩下的就是一把斩杀胡雪岩的利剑。当年朝廷西征，要粮无粮，要钱无钱，要装备没有装备，是胡雪岩以个人的名义从洋行贷款，并从自己的腰包里拿出钱来作为朝廷西征的军费，这些好处朝廷一点都没顾念。正所谓“飞鸟尽良弓藏，狡兔死走狗烹。”虽然朝中有人上书为胡雪岩说情，因为西征之时是特殊情况，朝廷当时是先免了胡雪岩的一切罪，他才敢去那样行事。但是，毕竟回天无力，胡雪岩只能含恨而死。

第七章

内忧外患，商战遭遇“滑铁卢”

第一节　胡雪岩无缘左宗棠

胡雪岩一靠上左宗棠这一棵大树，就注定了兴衰荣辱已经跟左宗棠绑在了一起。左宗棠飞腾胡雪岩就会发达，左宗棠败落胡雪岩也就会没落。而对于左宗棠来说，他的扶摇直上，一直被李鸿章嫉妒着。在李鸿章的心里，他才是曾帅的接班人，而左宗棠本是一个小人物，却因为有了胡雪岩的帮助，而成为能与他分庭抗礼的人，这是李鸿章不愿意看到的。

曾国藩在世的时候，李鸿章多少会有一个顾忌，虽然心中嫉妒，只是默默地恨在心里。曾国藩过世之后，李鸿章基本掌握了朝廷的大局，他一直在暗暗寻找机会将左宗棠消灭掉。在左宗棠平定西北之乱以后，李鸿章就一步一步按照原来的计划，把左宗棠身边的人一个一个蚕食掉。而摆在李鸿章面前最大的一个障碍就是胡雪岩。他是皇帝亲封的红顶商人，又有黄马褂在身，如果不能一下子把他消灭掉，可能就会危及到自己的前程。

胡雪岩是一个敢于冒险的商人，也是一个敢于下注的赌徒，再加上他敢于打通官场的环节，所以能为自己谋取最大的利益。但是，他却对官场的风云变幻没有一个清醒的认识。左宗棠的西征胜利之后，朝廷里就流露出要卸磨杀驴的迹象，左宗棠已经感觉到了其中的玄机，而胡雪岩却一点也没有觉察到。

左宗棠能为胡雪岩做的，在西征的过程中，已经都为他做了。当胡雪岩获得朝廷的封赏之后，仍对自己的仕途抱着一丝幻想，他幻想着只要自己做得再好一点，就可以得到更实际的升迁，就像自己做生意一样，只要投入更多的本钱，把生意做大，就会带来更多的利益。

其实在左宗棠为他请功的时候，胡雪岩就应该明白，朝廷之所以给他一些虚的官职，就是不想让他有太大的实权。原因很简单，他可以扶起一个左宗棠，就可以培养起第二个，如果这样的人手中再握有大权，那日后必将成为朝廷的后患。而李鸿章正是以这一点为借口，很轻易就得到了消灭胡雪岩的许可。

对于清朝政府来说，任用一系列汉人的官僚，在很大程度上，只是为了借他们的力量，打败太平天国以及各地的叛乱。当这些叛乱被平定之后，清廷就会找个借口将他们一个一个的拿下。对于因剿灭太平天国运动而起家的众多汉人官僚来说，曾国藩算是一个比较聪明的人。他已经看出了朝廷的用意，所以尽快地将权力放下，过他的清静日子去了。

而接任他的是李鸿章、左宗棠和张之洞等人，西北平定之后，朝廷就已经动了心，正在这个时候，李鸿章流露出要打压左宗棠的意思，这正中了朝廷的下怀，于是就对这件事睁一只眼闭一只眼，默认李鸿章对左宗棠所做的一切。而有了朝廷的默许之后，李鸿章就开始对左宗棠下手。

当朝廷要对左宗棠下手的迹像开始流露出来的时候，左宗棠就极力地小心行事，尽量不让对手抓到自己的把柄。而左宗棠开始自保的时候，胡雪岩就赤裸裸地暴露在了李鸿章的面前。他仍然风风火火地按照自己的意愿和个性去行事，并没有意识到，自己已经处在了水深火热之中。

对于胡雪岩的商业生涯来说，他跟政治有着密切的关系。因为他跟官员有密切的关系，垄断了一些行业而迅速地起家，却又因为政治势力的斗争，最终成为斗争的牺牲品。

当左宗棠意识到不久李鸿章就要对胡雪岩下手时，就找了个机会去会胡雪岩。左宗棠从侧面提示胡雪岩，如果出现经营困境，可以将他的财产转移或者破产，以获得东山再起的资本。其实左宗棠是想让胡雪岩远离自己，甚至可以投靠到李鸿章或者别的官僚门下。但是，由于左宗棠碍于自己的面子，没有将这层意思完全地传递给胡雪岩。以致于胡雪岩主观地认为，以前军火生意，以及粮食、造船等事情不可以再做，于是一口应下了，左宗棠以为胡雪岩明白了自己的意思。就这样，两个人最后的正式沟通没有将沟通的要义完全传递给对方。

在跟左宗棠分别之后，胡雪岩就决定放弃原来的一些大项目，转而去开发一些新的市场。他看到中国的丝绸在国际市场上的价格很高，以为自己如果能控制中国的生丝产业，那么必然会给自己带来一笔不小的财富，于是胡雪岩就投身到生丝行业中。如果胡雪岩正确地理解左宗棠的意思，投身李鸿章或者其他的官僚怀中，也许就不会有后来的大祸。

第二节　洋行逼债，家底虚空

自以为是的胡雪岩，在对当时的中国经济做了一番考查之后，决定进军生丝收购业。当他着手经营此项营生的时候，跟以前所做的生意，已经有了很大的不同。

在以前的营生之中，或者有王有龄，或者有左宗棠为其做靠山，没有任何的危险，一旦有什么危险，有官员出面为其解决，很快就会化险为夷。而他做的生丝生意，没有了左宗棠的保护，相反还有李鸿章等一干朝廷官员在暗地里给他下绊子，但胡雪岩却一点也没有觉察到。

为了垄断中国的生丝收购业，胡雪岩从英国洋行贷巨款收购江浙两省的生丝。凡是养蚕的农户，胡雪岩都跟他们签订合约，而且先支付一定比例的定金，让这些农户把自家的生丝准备好，只卖给胡雪岩，不能卖给别的商人。从民族资本主义的角度来说，胡雪岩的做法对于中国避免成为列强的原料生产地具有积极的意义。

由于胡雪岩的大胆举动，洋人在中国的市场上根本买不到一点生丝。中国人不卖给他们，洋人们一点办法也没有。胡雪岩将所有生丝都存起来，以等待生丝价格提高的那一天。可是，他万万没有想到，他的做法损害了一部分地方官僚的利益。于是他们联合起来，共同打压和逼迫胡雪岩。

胡雪岩垄断生丝的做法，严重损害了洋商在中国的利益。这个时候，李鸿章派人出面去游说他们，让洋人们团结起来，一方面，不再跟胡雪岩做生丝生意；另一方面，通过金融手段，向胡雪岩追要贷款。

在打垮胡雪岩的策略中，一方面，李鸿章勾结国内的金融买办不跟胡雪岩做生意；别一方面，又将应该发给他的协饷推迟发放，以挤压他的流动资金。胡雪岩在困境之中寻求左宗棠的帮助，而李鸿章又利用自己的势力不让胡雪岩找到左宗棠。在内外交困的情况之下，胡雪岩不得不将囤积的生丝以低价贱卖出去。

这一次，胡雪岩就损失了约一千万两白银。洋行看准了机会，纷纷上门逼债，胡雪岩只好用自己钱庄的钱来支付。

在胡雪岩的生丝生意之中，他之所以巨资买断江浙两省的生丝，就是想自己控制生丝的收购业务。如果他的这个目的达成，洋人以后要想在中国购买生丝，就得从他胡雪岩这购买，他就有了定价的话语权，这无疑是将洋人排除在了中国生丝行业之外。而胡雪岩的计谋却由于清政府的出面干预而最终流产。不仅没有掌控住中国的生丝收购，而且还将自己葬送了进去。

在胡雪岩与洋人的斗法之中，本来胡雪岩已经取得了初步的胜利，如果能得到官方的支持，那么用不了多少时间，中国的生丝业就可以掌握在中国人自己的手里。而胡雪岩的没落让洋人趁虚而入，重新控制了中国的生丝行业。从这个角度来说，胡雪岩的失败是一件让国人悲哀的事情。但是腐败的清政府，却以胡雪岩的失败为荣，因为朝廷的所谓“权威”，再一次在国人的面前被证实了。

清政府不从中国的国家利益出发，而是以少数人的利益为出发点，很廉价地就将国家利益双手送到了洋人的面前。胡雪岩的失败，除了让洋人们高兴之外，老百姓在心中也只能默默地惋惜。

第三节　被迫低价抛售生丝

胡雪岩为了实现自己的商业理想，想将生丝的收购业务从洋人的手里抢过来。在做出了一系列的努力之后，终于初见成效。公元1882年，洋人们没有从中国购买到一点生丝，据相关的史料记载，洋商们在中国的生丝收购活动之中："一斤一两亦不可得。"这让胡雪岩十分高兴，按照他的计划，只要第二步再联合中国的一批商人，在生丝业务中不跟洋人合作，用不了多久，生丝的收购业务，就会由中国人说了算。

公元1883年，胡雪岩主动去联合华商中有影响的人物，要求跟他们合作，一起来垄断中国的生丝收购业务。可是让他失望的是，竟然没有一户愿意跟他一起做这件事。这让胡雪岩心中十分难过，他没有想到这些在中国商界有头有脸又有影响力的人物，在涉及到关系国家命运的大是大非面前，竟然一点爱国心都没有，全部是一群缩头乌龟。无奈之下，他只好自己一个人承担所有的风险。

胡雪岩收购与囤积生丝以及试图联合华商共同来对抗洋人，这一举一动都在洋人的监控之下。洋商们明白了胡雪岩的意图，十分愤怒，就联合起来，叫嚣着这一年都不做中国的生丝生意。鉴于胡雪岩已经跟所有的农户做好了思想工作，如果他的这一举措能够顺利地实施，再加上清政府协助，胡雪岩一定会成功。即使清政府不支持，哪怕像他以前资助西征那样睁一只眼闭一只眼，胡雪岩也会进展十分顺利。

可是，这一次胡雪岩错了，因为他所处的环境，已经跟以前不一样了。朝廷已经对胡雪岩起了杀心，而他却一点也没有觉察到。洋人们又联合起来，发誓“今年不贩生丝”，胡雪岩处于一个孤立无援的处境之中。而这一年，意大利的生丝获得大丰收，国际上的洋商们，有了更多的选择。就算胡雪岩没有受到各方面的挤压，损失也将是再所难免的。

经过将近一年的孤军奋战，胡雪岩所预期的结果并没有出现，此刻他的心中已经预感到这不是什么好的征兆。眼看着自己囤积的生丝都慢慢地变质，如果再不出手，很有可能就会一点价值都没有。自己投入的两千万两白银就会全部打了水漂。

在万般无奈的情况之下，胡雪岩只得寻求门路将手里囤积的生丝全部卖出去以换取一定的资金，避免自己损失得更多。而由于胡雪岩在做生丝生意的时候已经跟洋商们对立起来，所以当他试图要出售生丝的时候，没有洋商愿意跟他做生意。而当胡雪岩再去找华商的时候，得到的都只是不屑和耻笑，没有人愿意帮助他。当他把所有的希望都集中在左宗棠的身上时，却连左宗棠的面也没有见上。他不知道，这是李鸿章在从中作梗。

胡雪岩在走投无路的情况之下，通过自己的旧相识跟英国人达到妥协，以低价将生丝转让出去。看着自己囤积的大量生丝就这样在瞬间贬值，胡雪岩的心中十分难过。这一笔生意成交之后，胡雪岩损失了八百万两白银。而这个时候，一个更大的阴谋正在悄悄地包围着他，而胡雪岩却一点也没有觉察到。

转眼洋行的贷款就要到期，还款的日期一天天临近。而胡雪岩要还的款，是左宗棠西征的款，以前都是以朝廷的协饷来支付这一笔贷款。而这时候由于李鸿章的干预，时任上海道台的邵友濂将支付的日期延迟了二十天。只这二十天，就足以让胡雪岩吃不消，如果在以前，就是再晚上一两个月，也不会有什么问题，而现在，胡雪岩的手中已经没有资金，在万般无奈的情况下，他只好从自己的钱庄中取银子。

当胡雪岩从各地的钱庄银号提取银子的时候，早就有人放了风出去，说胡雪岩做生丝生意赔了，钱庄里的银子都拿出去抵债了。一时间，各地的大小储户纷纷到阜康钱庄以及胡雪岩的其他银号中去提取自家存入的银子。当胡雪岩从各地的钱庄银号提出钱，还上洋行的贷款之后，他在各地的阜康钱庄以及银号相继破产。直到这个时候，胡雪岩才意识到自己被人算计了。而算计他的人，就是李鸿章和盛宣怀。

其实当左宗棠从西北离任的时候，从商业的角度来说，胡雪岩就不应该再去为西北借款，因为左宗棠已经到别处上任，有些事情已经鞭长莫及。左宗棠从西北离任之后，其实是被朝廷边缘化了，已经不能再像以前那样作为胡雪岩的靠山。而胡雪岩在投资生丝生意的时候，又犯了一个低级的错误，就是将所有资金都投入到了生丝生意之中，所以当对手向他发起进攻的时候，胡雪岩一下子就彻底地失败了。

第八章

晚景凄凉，风雨飘零度余生

第一节　胡雪岩的顶戴花翎

胡雪岩由于出身低微，所以一心想着有一天，要出人头地，做人上人。在晚清时期，这是许多人都梦寐以求的事情，对于那个时代的人来说，只有在朝廷做官，真正才算是出人头地。在中国人传统的观念里，就有一种“学而优则仕”的传统。一个人能在朝廷里做官，那就说明他是一个有出息的人。而如果你没有在朝廷做官，就算你有再多的钱，有再大的学问，在世人看来都是徒有虚名。

世俗的观念，在很大的程度上，只代表社会的一种普通价值观，但是就这种大多数人的观念，会在很大的程度上，影响一个人的人生观。因为我们生活在这个世界上，总是要和周围的人，建立起各种各样的联系，并不是所有的人都能坚持自己的观念和价值取向。

胡雪岩从一个钱庄的伙计做起，虽然已身价不菲，但一直在寻求一种政治上的荣誉。尽管他花钱捐的官，只是一个虚有的官位，并没有真正的实权，但是他还是乐此不疲，甚至幻想着有一天能转正，真正做一做江西道台。

对于入朝为官的人来说，要经历过严格的训练，才能真正在朝廷里站住脚跟。朝廷的官员，首先要明白一个道理，那就是在朝廷里，皇权是不能受到任何威胁的。只要你威胁到了皇权，你的结果就只有死路一条。对于初入官场的胡雪岩来说，他对于官场的生存之道并没有什么了解。所以，当左宗棠为他请功，朝廷给予他一定的官职和荣誉的时候，胡雪岩并没有意识到，自己已经进入到了朝廷的范畴之中。

他所做的每一件事，所说的每句话，都有可能触犯帝王的权威而引来一场杀身之祸。对于红顶商人，以及黄马褂来说，他就是一种皇权的象征。朝廷给予这些，就是告诉胡雪岩，你到那里代表的是朝廷，代表的是皇帝的脸面。但是，胡雪岩只感觉到了奖赏所带来的荣誉和富贵，却没有体会到潜伏在其中的危险。

胡雪岩在垄断生丝生意的时候，除了考虑到自己的利益之外，也考虑到了中国人的利益，但是，他却没有考虑到朝廷的感受。换句话说，胡雪岩想把生丝生意从洋人的手里抢过来，这样一下子就把洋人得罪了。而以西太后为主的朝廷，对洋人毕恭毕敬。胡雪岩得罪了洋人，一下子就刺向了朝廷的心窝。所以，当胡雪岩受到极大的挫折时，朝廷不但没有帮助他，还将他的所有官运全部终结。官职没有了，黄马褂也被收走，红顶商人一下变得什么也不是。也许直到死，胡雪岩都没有弄明白，朝廷为什么对他不讲信用了。

胡雪岩的商业帝国破产，头上的顶戴也没有了，他已经意识到朝廷下一步要做什么。于是，在朝廷没有动手之前，他不得不将所有胡氏的产业当掉，换成可以携带的细软，以备不时之需。红顶商人变成了一介草民，原来的万贯家财也散得差不多了，胡雪岩一下子又回到了起点。他的人生之路，应该有一个最后的了结了。

他在得势的时候都没有斗过李鸿章等人，沦为一介草民就更没有什么资本去跟对手抗衡。他能做的就是为后人们留下一点生存的希望。

此时的胡雪岩，真正体会到老百姓所说的，民不跟官斗所指的是什么。他明白了自己的处境之后，最后一次利用他的商业头脑，为自己的后人保住了存活下去的最后资本。他将胡氏几处值钱的大宅以低价转让给大的富商们，而这些富商也是曾经跟胡雪岩交好的朋友，转让的保证是这些宅子归别人所有，而胡氏的子孙，还要在这里住下去，就当是租住。

这也许是因为胡雪岩，在发达之时做过许多的好事，当他陷入绝境之后，还有真正的朋友会去帮助他，帮助他的后人，将胡氏的血脉一直延续下去。这些朋友，要比那些在官场上一味奉承他的人强上百倍。即使是他一直全力支持的左宗棠，在他最需要帮助的时候，也是一点办法都没有，眼看着胡雪岩一步一步走向没落。

第二节　被迫遣散下属、亲眷

胡雪岩破产之后，他已经意识到自己剩下的日子不多了。看着以前热闹的门庭，想起以前跟自己一起创业的朋友、伙计以及自己的十二房姨太太，心中不免生出许多的悲凉来。作为一个有责任心的商人，除了考虑到自己的利益之外，他还想将财富留给跟他一起创业的人。

当朝廷向胡雪岩逼债的时候，本来属于他的财产被那些打着朝廷名义的人一点一点地抢走，能剩下的也只有他鼎盛时期的九牛之一毛了。在胡雪岩最困难的时候，那些真心跟他交好的朋友看到胡家受难，纷纷伸出援助之手，帮助胡雪岩。对于失去的钱庄和田产，以及其他的虚名薄利，胡雪岩本没有太放在心里。他所顾虑的，是怎样将自己辛苦经营的胡庆馀堂，完完整整地传承下去。而这一种传承，必须要找一个十分可靠的人，否则多年的心血就会毁于一旦。

胡雪岩翻开自己的朋友花名册，找了一个可以置身世外的人，将自己苦心经营的胡庆馀堂以低价转让给他。在外人看来，胡雪岩为偿还朝廷的债务，不得不将自己的胡庆馀堂变卖折算成现金，而收购胡庆馀堂的人，着实是捡了一个大的便宜。但是，实际情况却是胡雪岩给了他一笔钱，让他将胡庆馀堂一直经营下去，继续为民造福。对于胡雪岩来说，没有将胡庆馀堂传到自己子孙的手里，一方面是为了避开朝廷的暗算；另一方面，也担心自己的子孙会因为彼此利益的争斗，而将一个有光明前景的胡庆馀堂变成商业利益的牺牲品。所以，胡雪岩最终决定将胡庆馀堂留给国人，而不是留给自己的子孙。朝廷得知胡庆馀堂被折卖之后，也没有进一步的追查，他的对手们也暗自高兴，准备将胡雪岩整垮。

对于一项事业来说要想做大做强，光靠几个人，是成不了什么大事的。胡雪岩从一个小伙计做起，一直做到富可敌国的程度，在这中间有无数的小人物跟着胡雪岩默默地将一应事宜办好，这样才成就了胡雪岩的商业帝国。

但是，当胡雪岩开始没落的时候，有些人悄悄地离胡雪岩而去。而有些人仍一直跟在胡雪岩左右，也许他们是在等待着胡雪岩东山再起，也许是交情很深不忍心弃他而去。胡雪岩看着这些一直伴随自己的伙计，心中不免生出许多凄凉来。

当胡雪岩落魄破产后将一份份的银子送到伙计们的手中让他们另投主人时，这些人感动得热泪盈眶。他们之所以感动，并不是胡雪岩给他们发的银子，他们感动的是胡雪岩都到了这个地步还想着要给他们这些人分一份。胡雪岩在晚清时期，拥有十分好的名声，虽然朝廷给他扣了很多的罪名，但是在大多数人心中，还是在为他鸣不平。从胡雪岩最后的做法之中，就可以看出他之所以能成就那么大的事业，是有内在原因的。他不像某些老板一味地只是考虑自己个人的利益，对于员工的利益一点都不考虑，像那样的老板也必定不会做出一番大的事业。

胡雪岩在世的时候妻妾成群，这也许是晚清时期成功男人不可避免的一种状况。胡雪岩为了在自己离世后给她们妥善的安排，给每一房姨太太都留下一笔钱，让她们按照自己的想法去生活。

胡雪岩有三个儿子五个女儿。长子名叫胡楚三，在十九岁那一年就不幸夭折了，没有留下后人。次子名叫胡缄三，也有人叫他胡乃钧，他在一次游玩时不小心从马上跌落，变成了残疾人。胡缄三生有两个儿子，一个女儿。胡雪岩的三儿子名叫胡品三，又叫胡大钧，生有四个儿子。

根据现代人的考证，胡雪岩的后人约有五百多口，分布在中国香港、澳门、台湾以及海外。他们从事着不同的行业，教育、艺术、金融、科学等，而经商的人却很少，有也是做一些小的营生，再没有大的富商出现。之所以会出现这样一种情况，是因为胡家的后人一直记得胡雪岩遗言："白老虎可怕。"他所说的白老虎，指的就是白花花的银子。

第三节　老马也有失蹄时——悲惨离世

对胡雪岩来说，在经历了太平天国、西征以及洋务运动的洗礼之后，逐渐成熟起来。作为一个人，在经历过一番大的磨难之后，总是会有许多经验，这是一笔财富，它可以为以后的事业提供一个好的参考。但是，如果一味地把自己的经验当成是一种资本的话，那么很有可能就会陷入盲目和无知之中。

虽然自信对于一个人来说十分重要，但是如果过分自信，也必会将自己带入到一种愚昧之中，胡雪岩就犯了这样的错误。他在王有龄和左宗棠的帮助之下一步一步地踏上了人生的顶峰，这给他造成了一种错觉，认为自己有为官的才能，更加坚定了他走向官场的决心，当他在朝廷中得到的荣耀越来越多的时候，胡雪岩也在私下里有一种在朝为官的感觉。

人在逆境之中的时候总会面对来自各方面的压力，为了能更好地生存下去，他总是能发挥出自己所有的能量和能力。而一旦成功之后，往往就会被许多的世俗所牵制，在做事情的时候很难再达到原先的水准，并且有时还会被盲目的自信冲昏头脑。当胡雪岩成功之后，他想按照自己的主意将洋人赶出中国的生丝行业，但他没有发动中国商界其他人的力量，而是只想依靠自己的实力去做这件事，这未免太妄自尊大，不切实际，以至于当他最后惨遭失败的时候，行业内没有人出来跟他一起承担，更没有人愿意帮他一把，这不禁让人又同情又感慨。

对胡雪岩来说，他认为是为朝廷做了很多，而在朝廷看来胡雪岩就是一个威胁，一个威胁皇权的人。当皇帝赐予胡雪岩黄马褂的时候，已经开始有这样的迹像了，而胡雪岩一点也没有察觉到，这是胡雪岩最大的遗憾。

下面我们就来简单分析一下朝廷对他和左宗棠一系列的反差。

左宗棠和胡雪岩是一对黄金搭档。在左宗棠过世之后不久，胡雪岩也过世。朝廷听到左宗棠去世的消息之后，太后拿了三千两白银，专门用于左宗棠的丧事。而胡雪岩过世的时候，朝廷不但没有任何的怜悯，反而在他死后下令将胡家所有的财产查抄以用来充当所谓的“公款”。其实世人都知道，胡雪岩是因为给朝廷还债才导致资金紧张，而朝廷不但没有雪中送炭，还落井下石。

从两个人不同的结果，我们可以得出两个结论。第一个结论，朝廷对于左宗棠的忠心是认可的。之所以会发生李鸿章和左宗棠的争斗，那是因为朝廷担心左宗棠权力太大了会功高盖主。虽然朝廷也知道，左宗棠是一个很忠诚的人，但是朝廷必定还要留一手。左宗棠一死，朝廷的这种担心，也就不复存在。第二个结论，左宗棠是在利用胡雪岩，当左宗棠处于困境的时候，胡雪岩伸出了援手帮助了他。虽然这种帮助是为了获得某种回报，但是也不能因而磨灭了胡雪岩的功劳。

胡雪岩的作用，仅限于左宗棠的层面上。不管胡雪岩的所作所为给朝廷带来了多大的利益，朝廷都只认为这一切都是左宗棠的功劳。即使没有胡雪岩，还会有另外一个胡雪岩来继续这一项工作。胡雪岩处在金字塔的底层，而左宗棠处在中间层，朝廷是金字塔的最顶层。胡雪岩为左宗棠解决问题，左宗棠为朝廷解决问题。左宗棠觉得胡雪岩做得好，想给他一个荣誉，但是他本身并不具有这种权力，于是请示朝廷给胡雪岩颁了一个证明。

朝廷看在左宗棠的面子上，就同意了左宗棠的请求。当朝廷直接给胡雪岩黄马褂的时候，给了胡雪岩一种错觉，他感觉到，自己已经拥有了跟朝廷直接对话的条件。其实，从一开始朝廷就没有把他当成一个真正的朝廷官员。由于胡雪岩误判，直接导致了他后来的一系列错误。

第九章

独具慧眼，怀包容之心选可用之才

第一节 层层把关，选拔人才

胡雪岩的事业处于鼎盛时期时，在北京、上海、杭州、武汉等地都开设有钱庄，且典当行也开了二十余家，不仅如此，他的生意还拓展到其他领域，如丝绸、军火等。在这种情况下，就需要选择人才帮助其打理生意，选人、用人自然也就成为最重要的问题之一。胡雪岩对于这一点自认为得意，甚至于有些自负。他有一套辨别人才、用好人才的理论和哲学，在人才选拔时非常认真和严格，可以根据职位的差异而对人才进行测评。

在选拔与培养的人才中，阜康钱庄第一任店务总管刘庆生是胡雪岩最得力的副手之一。

胡雪岩凭借王有龄在浙江官场的势力，生意做得非常顺畅，也积累了不少资本。他凭借自己多年的经商经验，决定再开设一家自己的钱庄，这个想法也得到王有龄的认同。胡雪岩计划开设个人钱庄的消息很快传播开来，很多人也踊跃地向胡雪岩推荐人选。

胡雪岩明白店务总管这个职位对于钱庄发展的重要性，宁缺毋滥。此时，老东家“信和”钱庄的总管张胖子给胡雪岩推荐了一个人选，此人名叫刘庆生。

胡雪岩自然不会轻易听信别人的推荐，一切还要以才华和能力为验证标准，于是他决定亲自考察刘庆生。

这一天，胡雪岩派人将刘庆生请到自家，落座之后他便故意漫无目的地与其进行闲聊，并暗中观察刘庆生的言行变化。一个时辰过去了，刘庆生始终耐心地听着胡雪岩的闲聊，表现得不温不火。胡雪岩暗自称赞，因为在他看来，担任钱庄店务总管一职，需要的就是有足够的耐心、性格不急不躁，这样才能在生意场中建立起良好的人脉，且遇到问题后也能泰然解决。刘庆生在这一关上，算是通过了胡雪岩的考核。

随后，胡雪岩考察了刘庆生对于钱庄业务的了解和熟悉程度。由于胡雪岩之前在钱庄经营上是把好手，他也深知钱庄日常经营管理中存在的一些棘手问题，于是将此作为考题。刘庆生对胡雪岩提出的考题回答得头头是道。当胡雪岩询问钱庄同行的具体情况时，刘庆生不仅将杭州城大小数十家钱庄的名称、地址一口气说了出来，还将一些钱庄在经营中出现的不足娓娓道来。这足以表明他对钱庄业务有着深入的了解以及自身独特的见解，这一点令胡雪岩大加赞赏。

对刘庆生的钱庄业务情况考核之后，胡雪岩又暗中对他的办事态度等方面进行了考察，看他能否放手去做事，为人是否大气等。因为胡雪岩也曾经是伙计出身，他知道刘庆生一个月只有区区二两银子的收入，如今每个月给他数百两银子，很可能一下子适应不了这么多钱，不舍得花。虽然这样为店里节省了开支，本分的事情也能做好，但终究因为放不开手脚而无法做成大生意。结果，刘庆生十分合理地将这笔钱用在钱庄的经营上，于是，胡雪岩才相信他办事能放得开，也消除了心中的顾虑，决定放心大胆地让他管理阜康钱庄的所有事务。在刘庆生的经营管理下，阜康钱庄的招牌很快便被打响，也成为杭州钱庄中信誉极佳的大户。

胡雪岩对人才的考察，最精妙之处就在于考察于无形之中，他以突然袭击或许异常隐秘的方式对人才进行全方面的考察，使人才最真实的一面暴露无遗。以上对刘庆生的考察，都是胡雪岩在暗中进行的。之后胡雪岩又对刘庆生做了一次钱庄经营方面的考核，胡雪岩来到钱庄，事先并没有和刘庆生打招呼，只是暗中观察店内的运营情况，之后他坐在店里，刘庆生主动将钱庄账薄交给胡雪岩。他没有看账目，而是问刘庆生："账先不看了，明天我需要到外地办点事，店里现在还有多少现款？"刘庆生答复说有五万两。胡雪岩继续说道："给我开个五万两的银票，等明天一用完我就还回来。"当他看到刘庆生立即开银票并提出现款时，满意地点了点头。因为他并不是真想要五万两银子，而是借此考察钱庄账目是否真实可信。至此，胡雪岩认为刘庆生是个不可多得的人才。

第二节　将用人之长做到极致

胡雪岩在结交朋友和用人方面，从来都是看其长处。在他看来，如果一个人有一技之长，即使这个人有很多小毛病，也还是有机会成为朋友，并为自己所用的。每一个人都不可能十全十美，如果用过分挑剔的态度要求每个人，未免就显得过于苛刻，在现实中也难以实现。胡雪岩看重的还有一点，就是这个人是否有决心、有毅力。他一直认为，有毅力、有决心的人可以视为人才。一个人只要有决心和毅力，就没有改不好的小毛病。而想要做到用人之长就需要对每个人的脾气秉性了如指掌，对于每个人的才干也应该清楚。做到这些，在选人、用人之时，才会有十足的把握，对于这些，胡雪岩做到了。

胡雪岩的二夫人有位亲戚，此人名叫刘三才，平日里嗜赌成瘾的他败光了家里的所有财产，于是被人取了“刘不才”的外号。但他有两件事情绝不去碰，第一件事是吸食鸦片，第二件事是出卖祖传的药方。正因为如此，胡雪岩看出此人还不算人性泯灭，还是有药可救的。其实，“刘不才”自身并不是自甘堕落，而是因为感觉到自己的中医才能无法施展，嗜赌只是内心压抑之后的发泄而已。得知这一情况的胡雪岩听说“刘不才”手上保存有祖传的药方，且不愿意出卖时，决定出资开一家药铺，让刘三才负责药铺，促使他改掉自身的毛病。

胡雪岩也知道虽然自己在丝业方面的发展极为顺畅，但由于身单力薄，难以在丝业中有更大的发展。为了让自己在丝业中产生举足轻重的影响，胡雪岩想和丝业中另一位大佬联手，这样就可以实现在丝业中的垄断地位，如此一来，便可以操纵整个丝业行情，商业利润自然就会随之而来。

然而另一位丝业大佬庞二心高气傲，普通人根本难以接近他，更不用说合作了。得知这一点后，胡雪岩没有贸然找到庞二，他担心合作事宜没谈妥，反而会落下“野心”垄断丝业的把柄，这样的话就会陷入尴尬和被动的境地中去。此时他想到了刘三才，因为刘三才虽然小毛病很多，但在交际应酬方面有一些技巧，通过他去接近并拉拢庞二，也许是个不错的选择。胡雪岩拿定主意后，便将此事委托给刘三才。

这一天，胡雪岩通过丝业商会会长张太爷的关系，邀请了庞二和其他两位商界的人物。每个人心里或许都明白真正的目的不是吃饭，而是饭局之外的牌局。

在张太爷的引荐下，双方逐渐熟识。刘三才怀揣着胡雪岩事前给他的四万两银票，淡然地坐在牌桌前。牌局开始后他并没有着急和牌，而是认真观察着牌桌上每位牌友的出牌套路与打法。经过观察他发现，庞二的打法虽然老练，但显得过于谨慎，在出每一张牌之前都做出一副深思熟虑状。其他两位牌友和庞二相比，更多了几分随意，见牌就和，打法也非常草率，显然是欠缺打牌经验。

前几圈牌打下来，庞二输了两万多两银票。虽然他嘴上没说什么，但心里却觉得极为不舒服，要知道牌桌上谁愿意输钱呢？短暂休息过后，四个人继续打牌。

刘三才在熟悉各位牌友的打法后，有意地协助庞二和牌，以挽回庞二此前的损失，这也是胡雪岩让他完成的“任务”。在刘三才不露声色的协助下，庞二的牌风逐渐顺了起来，接连和了几把大牌之后，另外两位牌友就已经额头冒汗了。

为了挽回损失，另外两名企图和大牌，刘三才故意以和小牌的方式阻挡他们，把和牌机会留给庞二。最终，另外两名牌友惨败而归，庞二赢了四万多两银票。

老练的庞二其实也领会到刘三才在牌桌上对自己的暗中相助，牌局散了之后，他来到刘三才身边，微笑说道：“兄弟牌德不错，相见恨晚！”稍作休息后，双方都各自回府。离开之前，庞二对刘三才说他两天后要请客吃饭，想找几位朋友玩玩牌，邀请刘三才一起来，刘三才自然慷慨应允。

两天后的牌局上，刘三才再次不动声色地协助庞二和牌，让他再次大获全胜。刘三才明白，庞二赢了钱自然得意，况且也对自己在牌桌上的协助心怀感激，于是他趁机向庞二透露了胡雪岩想和他在丝业上进行合作的事，没想到庞二竟然痛快答应。

胡雪岩的丝业生意与庞二进行合作之后，迅速形成垄断之势。加之庞二贪图安逸，属于典型的阔少作风，遇事大多会全权交给胡雪岩处理，因此，整个丝业实际上被胡雪岩一人操纵在手。

假如刘三才没有在牌桌上协助庞二，庞二或许就不会答应和胡雪岩在丝业生意上的合作与联手。对于庞二这种阔少做派的人来说，讲道理或许行不通，即使他心里知道某个道理，也未必按照道理做事。最为关键的是根据其性格特征投其所好，这样往往能事半功倍。刘三才通过在牌局中协助庞二，让其挽回了损失和面子，达到了让庞二心怀感激的目的，这恰恰是胡雪岩想要达成的结果。

胡雪岩善于用人的确令人钦佩。他能看到刘三才的优点而“忘却”其缺点，充分利用刘三才的长处，并加以督促，最终让其成为一个游走于交际场的优秀人才。正如“尺有所短，寸有所长”这句话所说的那样，每个人都或多或少有自己的缺点和优点，如何最大限度地抑制缺点发挥优点，就成为用人的关键所在。显然，胡雪岩能娴熟地运用这个技巧。

第三节　放心大胆授权

商场变幻莫测，风云激荡。假如没能抓住机遇，商机就会流逝。决定一个人能否抓住机遇的因素非常多，个人才能是一个因素，还有心理等方面的因素。对于老板来说，要具有无畏风险的精神；对于伙计而言，由于担心犯错误，不得不看老板脸色行事。老板和伙计之间各有各的顾虑，这种现象非常普遍。但这样一来即使机会来临，也会因为放不开手脚而犹犹豫豫，错失很多宝贵的机会。

针对以上的情况，胡雪岩在用人方面大胆创新，除了对下属做到放心授权，充分信任以外，还着重培养下属敢于担当与独当一面的能力。

熟悉蚕丝生意的老张在妻儿的劝说下，接受了胡雪岩的邀请，帮助胡雪岩开丝行。老张本是个见识少、老实本分的人，商场的实战经验少之又少。来到湖州的他不知道如何着手丝行生意，更没有勇气放手去干，处事过于保守和谨慎。胡雪岩曾多次催促他尽快找到一间临街的房子，但老张出于节省，便将此事拖下来。直到胡雪岩再一次来到湖州，老张还住在一处偏僻且阴暗的屋子里。老张不愿意搬家的原因主要有两点：第一是考虑搬家是件费时费力的事；第二是担心搬家以后，店面大了而缺少人手，难以照应过来，于是就下不了决心搬家。此时的胡雪岩耐心地对老张说："丝行只要开张，就会有生意，有生意就会产生利润。不必考虑太多，只考虑如何做好生意即可。”

有了胡雪岩的鼓励，老张心里便有了数，同时深知这是胡雪岩对自己的信任。以现代经营观念来看，就是让下属独当一面，充分地对其进行授权。胡雪岩在经商中是个善于把控大方向与大局的人。在他看来，企业的全局发展方向对了，即使在一些环节上出现不足或问题，只要看准了，应该大胆地采取措施，不能左顾右盼、犹犹豫豫，否则，极有可能影响全局发展，从而犯下不可弥补的错误。

此外，这也体现出胡雪岩在用人方面秉承的一个重要原则——用人不疑，疑人不用。一般情况下，胡雪岩除非遇到了那些必须由他出面做决策的大事件，对其他问题的具体运作和实施，他会放手让下属去做，持信任态度，从不野蛮干涉。即使在阜康钱庄创办初期，当他认定刘庆生完全可以打理钱庄生意后，就放心地把生意交给刘庆生。他只是为钱庄的日常经营划定了几条原则：凡是能帮助朝廷，帮官兵打胜仗，即使赔钱也做；钱庄放款要对借款人严格审核，而钱庄中其他一些具体的事宜，都由刘庆生一个人决断，绝不会横加干预。

刘庆生在钱庄同业商会上认购两万官票就是其中一个典型的案例：正当刘庆生考虑认购官票是否安全，是否会贬值时，由于他想到胡雪岩事先告诉他“凡是能帮助朝廷，帮官兵打胜仗，即使赔钱也做”的经营宗旨，并全权授权他处理钱庄所有事宜，他便放开了手脚，果断地认购了两万官票。很快，刘庆生支持官府筹饷认购官票的举动得到了同行和官府的认可，使阜康钱庄这块招牌在官府和同行中树立了良好的口碑。

胡雪岩在大胆授权方面非常有远见，他将洋场上找买家、谈价格、签合同等事务都放心交给自己多年的生意伙伴古应春，自己则把精力投向处于起步阶段的军火生意上。从商场运转的角度来看，大胆授权是有效使用人才最关键的一步，能够大胆放手让下属自主办事就显得尤为重要。商场瞬息万变，企业家要有敏锐的目光，更要有果断的决策能力。要做到果断地决策就需要给予下属充分的授权，让下属敢于甩开膀子进行创造性工作，如果不能做到充分信任和授权，下属总是看老板脸色、等候老板指令做事，就难以发挥出自己的才能，如此一来，必将与机遇擦肩而过。

放心大胆授权，实际上也是让下属忠心于企业的“秘密武器”。生意场上，雇员和老板是“伙计”与“东家”的关系。伙计的主要工作职责就是完成东家交给的任务，但双方之间的这种关系，绝不仅仅是粗暴的发号施令与被动的服从，只有让伙计真切地感受到东家的信任，并大胆授权，才能激发伙计对东家的感激之情以及对企业的忠诚度。所以，大胆授权，在用人方面就显得尤为关键。从胡雪岩的经商用人策略来看，他已经将大胆授权视为生意场中获胜的“利器”，这更是他与众不同选才策略的高度体现。

第四节　胡庆馀堂“三聘经理”

1874年胡庆馀堂创办初期，“三聘经理”一事成为胡雪岩在选拔人才上广为流传的经典故事。胡雪岩出身贫寒，学问也不高，但他深知，要成就大业，必须借助人才的力量。对此他这样理解：自己学问低不要紧，关键是能找到其他学问高的人；被选用的人没过硬的背景也无妨，只要能用对、用好人就行。只有这样，门下才会招来有本事的人。胡庆馀堂建成之后，胡雪岩就寻思着找一位有本事的人来管理药店。

招聘告示发布之后，便吸引了很多人。第一个应聘的人是杭州一家药店的掌柜。这个人不仅精通算盘，做事也能察言观色。当他得知胡雪岩投入不菲创办胡庆馀堂时，判断出胡雪岩开办药店的目的就是要赚大钱，于是，他根据自己多年来的经营心得制定出一套让药店一年赚取十万两的计划。该计划看似能使药店获得不菲收益，但并没有打动胡雪岩。

第二个应聘的人是杭州当地一位懂中医的老者，这个人认为开药堂的目的就是要赚钱，但第一年药堂的经营应该尽可能多地让利于病人，等药堂的发展站稳脚跟，名声逐渐响亮后，再考虑赚大钱。该计划似乎也合情合理，但还是没有打动胡雪岩。

第三个应聘的人却这样表达了自己的观点：开药店想要不赚钱几乎不可能，因为谁都清楚，药店经营得当，肯定会名利双收。但并不是每个人都能让药店发展壮大。如果胡庆馀堂决心做大，前期一定要懂得舍弃，最开始的三年不应该只想着赚钱，而应该全心投入到行善之中去，包括免费给病人发药品，免费义诊等，通过这样的举措，可以取信于民。如此一来，还担心生意做不成？这个人就是已经独立经营过一家药店且颇有成就的余修初。

余修初所经营的药店规模虽然一般，但名誉极大，每天来药店的人络绎不绝。在与胡雪岩的交谈中，余修初将以上的观点讲给胡雪岩听，胡雪岩听后，对余修初的为人以及经营理念都有了全新的认识。和前两个应聘者相比，余修初的经营观点要比他们更开阔，这也和胡雪岩的意愿相统一，于是余修初全权掌管了胡庆馀堂。

上任后的余修初立即将得力干将指派到全国各地，让他们亲自坐庄办货，目的就是要保障货品的真实。比如，购买当归和党参等药材，会派人去山西办货；购买人参、灵芝等，会派人到东北；购买黄连、杜仲等，会派人到四川……与此同时，余修初在日常经营中还根据市场需求策划不同的宣传策略，以便提升美誉度和知名度。也正因为如此，胡雪岩门下的这位人才才将胡庆馀堂的生意做得异常红火。

第五节　选才不拘一格

胡雪岩一直认为，人才只有掌控在自己手中，才能为其所用。他对于人才掌控之术的运用，使很多人才都忠诚于他，为他出力、献言献策，为他成就商业帝国奠定了基础。

胡雪岩用人有个前提和原则，那就是老实可靠。他强调“看好了人才再用”，他的“看”是从多个方面、多个角度去看，也是不拘一格的，因此他总能找到对自己事业发展有用的人才。

胡雪岩的事业刚刚有所起色之初，就特别留意对所选人才的综合考察。一次很偶然的机会，他结识了老张一家，对老张的女儿也产生了好感。老张一家世代以摆渡为生，在当时属于典型的普通人家，具有本分、善良、老实的优点，却有爱占小便宜等特性。由胡雪岩自掏腰包请老张到湖州开办丝行，这在很大程度上也是关照老张一家的表现。不可否认的是，开办丝行确实是胡雪岩除了钱庄生意之外涉足的一个全新的生意，因此他还是在对老张一家充分了解后才做出该决定的。

胡雪岩通过搭乘去上海的摆渡船接触和观察老张一家。通过与他们的接触和了解，胡雪岩逐渐对他们有了新的认识。老张虽然没有文化，出身也略显卑微，但却是一个有骨气、有理想的人。老张的妻子虽然只是个普通的家庭妇女，但骨子里有一种生意人该有的见识和精明。胡雪岩通过闲聊发现，老张妻子对生丝的品质、生产方法、保存方法等都有一定的了解，这让胡雪岩大开眼界。于是他下定决心将生丝生意交给老张一家人，为自己的商业发展奠定坚实基础。

之后的结果也表明，胡雪岩选用人才是成功的，老张一家将丝行生意做得十分红火，使得生丝生意成为胡雪岩事业中最不可或缺的一个环节。胡雪岩一直强调，找到一个可以选用的人才很简单，首先需要找到一个能足够信任的人。因此胡雪岩非常注重对人才的全面考察，尤其是品性道德。

人送绰号“小和尚”的陈世龙是个整日游荡于街头的小混混，这样的人在大多数人眼中是没有出息的，但胡雪岩却发现这个无所事事的小混混身上的一些优点：

第一，陈世龙脑子灵活，很机灵。其实胡雪岩是通过一次很偶然的机会结识到陈世龙的。当时胡雪岩在湖州是通过郁四认识陈世龙的。胡雪岩在观察中发现，陈世龙与人交际不怯场，很有一股闯劲儿，能流利且得体地回答胡雪岩提出的问题。为此，给胡雪岩留下“后生可造就”的印象。

第二，陈世龙不吃里扒外，这一点是胡雪岩通过郁四得知的。实际上，郁四从心底厌烦陈世龙，说他过于精明，而且还沾有种种恶习，即便如此，郁四对陈世龙也有过相对公正的评价，“他这个人倒还不至于做出那种事，就是太精明了！”但胡雪岩并不这样认为，他看重的恰恰是陈世龙不吃里扒外。这也说明胡雪岩对陈世龙第一印象的正确性。

第三，陈世龙说话算数，有血性。这一点是胡雪岩亲身体会到的。在正式录用陈世龙之前，胡雪岩与其进行了一次谈话，离开之前随手给了陈世龙一张五十两的银票让其随便花。陈世龙之前已经答应胡雪岩戒掉赌瘾，胡雪岩深知好赌之人手里只要有钱就会“手痒”，所以想借机试探陈世龙说话是否算数。有了五十两银子的陈世龙当晚就到赌场去了，虽然他“手痒”，但还是控制住自己的赌瘾走出了赌场，这一点被胡雪岩看在眼里。按照胡雪岩自己的说法，选用人才时看这个人怎么样，应该看看这个人说话是否算数。

第六节　用攻心之策收服奇才

在胡雪岩看来，要选用一个被人非议的人为自己效力，就应该对其实施攻心之策。受人非议的人大多行为古怪，或者性格孤傲不合群。无论这是个怎样的人，只要他才能超群，胡雪岩就会想方设法去收服，使其从心理上对自己产生敬佩之情，从而达到为自己效劳的目的。

王有龄在湖州出任知府一职时，一场声势浩大的民变在其管辖的一个县城内爆发。乱民将县官杀害，将县城攻占，自立为王。消息传到王有龄耳中，他异常震怒，随即召集幕僚商讨应对措施。手下幕僚大多建议对乱民实施剿灭，王有龄也同意这个建议。但有个叫司马松的幕僚却不建议这样做，在他看来，官兵已经很久没有训练过了，乱民风头正健，如果进行剿灭，官兵不一定能占上风。即使官兵能成功剿灭乱民，或许还会引发更大规模的乱事。首要任务应该是安抚，既可以安抚民心，又可以平息民乱。

司马松平日里少言少语，不注重自身装束，且贪图小便宜。其他幕僚都看不起他，就连王有龄也看不惯，只不过碍于朋友的面子，才没和他计较。但当王有龄听到司马松反对剿灭乱民的建议后，非常气恼，没有理会他的建议，当即命令一队人马去镇压乱民。司马松便不再过问，观察着事态发展。事态发展果然不出司马松所料，被派出的官兵走到半路就遭到乱民的伏击，损伤过半。加之别处的乱民也纷纷响应此事，使得形势发展异常严峻。

大惊失色的王有龄再次召集幕僚商讨对策。众多幕僚一时都没了主意，正当众人一筹莫展之时，有人想到了司马松，四下寻找，发现司马松并没有来。王有龄差人打探才得知司马松由于身体不好在家休养。王有龄便派人请司马松，但得到的回复是病情太重，暂时不能参加议事。无奈之下，王有龄派一名衙役与乱民进行和谈，乱民不仅赶走了衙役，还扬言要攻占湖州。

正当王有龄万分焦急之际，胡雪岩从外地赶来，王有龄如同见到了救星，便把事情的原委一一告诉胡雪岩，向他寻求解决办法。胡雪岩分析后认为，解铃还须系铃人。于是他派人去打探司马松的情况，手下向他禀报说司马松正悠闲地在河边钓鱼。

听到这个消息后，王有龄认为司马松是故意愚弄自己，不禁怒气冲天。胡雪岩一边劝说王有龄，一边纠正王有龄犯下的过错。

王有龄是个宽容大度之人，他仔细分析后认为自己确实存在过错，后悔当初没有听取司马松的建议，而是固执地出兵剿灭，从而致使事态扩大，只是当下该如何说服司马松呢？

其实司马松到河边钓鱼一点也不悠闲，从他自身的成长经历就可以窥见一斑。父亲在他还没出生时就去世了，母亲一个人含辛茹苦地把他养大，之后又为他娶妻。一家人本应该过上好日子了，可不料母亲卧床不起；没过几年，妻子不堪生活的疾苦，留下儿女和别人私奔了，司马松顿时备感无助。他既要照料生病的老母，还要照顾儿女，欠了不少债，债主多次上门催讨，但司马松根本无力偿还。

司马松的一位朋友见其可怜，便通过关系将其介绍给王有龄做幕僚。司马松虽然博学多才，但不善与人交际。加之他的人生经历复杂坎坷，性格难免有些古怪，所以在王有龄的衙门里做事很难得到重用，他也因此产生怀才不遇的感觉。当司马松给王有龄道出自己的建议后，王有龄根本没把他放在眼中，更不用说采纳其建议了，这让司马松大为恼怒，虽然之后王有龄派人去请他议事，他以重病为由拒绝回衙门。

由于生病卧床的老母想喝鱼汤，身无分文的司马松哪有钱买鱼，于是他扛着渔竿去河边钓鱼。可钓了许久，就是没有鱼上钩，司马松备感失落，起身收拾渔具回家。

刚进家门，家里的孩子便围拢过来，叫嚷着肚子饿，司马松看在眼中心里很不是滋味。正在此时，外面传来一阵杂乱声，司马松一看，原来是债主找上门来，为首的一个债主声称如果不还钱就要拆房子。司马松只能好声应允，但债主还是不依不饶，想拉着司马松见官。

司马松老母听到争吵声后，艰难地从床上爬起来，连声向债主哀求，司马松连忙跑进屋抱住老母，泪流满面。债主们并不为其所动，仍在屋子里寻找值钱的物品，正当一片混乱之中，胡雪岩大步踏进门来，大声斥责债主。这些债主都认识胡雪岩，便纷纷上前打招呼，胡雪岩告诉债主们，司马松是自己的好朋友，不应该这样对待他。债主们听了胡雪岩的话后，顿时哑口无言，随后胡雪岩从衣服里掏出银票，交给债主们，逐一还清了债务，拿到钱后的债主们赶忙散去。

司马松自始至终都在目睹着这些事，他十分不解。虽然平时在知府衙门里也见过胡雪岩，但没有主动和其交往过，甚至都很少打招呼。面对胡雪岩的仗义相助司马松大为感动，随后两个人进行了细聊，胡雪岩由衷地称赞司马松才识过人，同时对他的时运不济表示感叹。司马松听完胡雪岩对自己的称赞与感叹之后，不禁潸然泪下。胡雪岩对他宽慰一番，随后便留下五百两银票，转身告辞。

当胡雪岩再次来到王有龄府上时，王有龄急切地问事情进展如何，胡雪岩将事情的经过如实告诉给王有龄。王有龄自责用人失察，他没有想到才识过人的司马松竟然有着如此困窘的处境。于是当晚，王有龄向夫人提出想把贴身丫鬟许配给司马松的建议。起初，王有龄夫人并不愿意，因为这个贴身丫鬟既年轻貌美，又温柔体贴，让她去服侍一个有多病老母和多个儿女的司马松，确实不太容易。对此王有龄耐心劝说，夫人终于同意。

第二天，王有龄将司马松请到府中，胡雪岩也在现场，王有龄非常礼貌地请司马松就座，还没等王有龄开口，胡雪岩就把王有龄有意将贴身丫鬟许配给他的想法说出来。司马松听了感激不尽，也没有多说，便主动要求去和乱民谈和。

司马松凭借过人的胆识和超群的智慧，很快便说服了乱民，乱民也同意谈和。得知这一消息的王有龄喜出望外，并奏报朝廷司马松平乱有功，希望他能在发生民乱的县城出任县令一职，朝廷同意了王有龄的奏请。上任后的司马松治理有方，不仅很快安定了民心，还使该县迅速发展起来，一时间成为让百姓安居乐业的乐土。就这样，胡雪岩通过攻心之策，成功收服了司马松。

第七节　用真诚招揽人才

在使用人才时，始终应该持有真诚的态度，胡雪岩在用人时就明白这个道理。俗话说，做人待事没有点真念头，便成了花子，事事皆虚；但如果做人待事缺少灵活与应变，就好比是个木头人，处处遇到阻碍。

其中的“花子”指的就是表面光彩，意思是说做人待事应该真诚，否则就好比是个绣花枕头那样，做什么事情都不踏实。反过来，如果做人待事过于死板，没有一点灵活度，就像是一个毫无生命力的木头人，这样一来就会遭遇到很多阻碍。对于用人的一方而言，想要给别人留下好印象，并收到显著的效果，就要显示出真诚来，既要让外界清楚你求贤若渴，还要给外界留下重视人才不会让人才受到委屈的印象。

在胡雪岩选用的众多人才中，嵇鹤龄是其中一个。他能和胡雪岩成为朋友，并且选择为胡雪岩效力，很重要的一点就是他看到胡雪岩的真诚，能够给他诚心诚意的帮助。

嵇鹤龄是个读书人，书读得自然不错，但仕途并不顺畅，只混了个“候补”的微小官衔。性格耿直的嵇鹤龄有一种怀才不遇的感觉，他与官场上那些阿谀奉承的官员格格不入，也正因为如此，他的仕途之路才走得不顺畅。王有龄在湖州任知府时，接到了平息新城县饥民造反的任务，王有龄根据实际情况，做出了安抚的策略。但处理这件事既需要能言善辩，还需要打动民心，而这个人选非嵇鹤龄莫属。

但此时的嵇鹤龄却不愿出面处理此事，一方面是因为妻子病逝，留下一双无人照看的儿女，心情非常压抑；另一方面是由于他在官场失意，家境落魄到通过变卖妻子生前的家具、首饰等度日的境地，他的内心憋着一肚子火难以发泄。升官发财等好事都与他无缘，而把最难以摆平的安抚任务交给他，他自然不乐意，于是他横下一条心，即使自己有能力摆平这件事，也不去效劳。

胡雪岩为了选用嵇鹤龄这个看似有些恃才傲物的人才，同时也为了帮王有龄解围，决定自己出面去说服嵇鹤龄。他深知嵇鹤龄的性格特点，所采用的方式也与众不同。胡雪岩认为“晓之以理，诱之以利”的方式对嵇鹤龄不能起到作用，决定用真诚打动嵇鹤龄，以便确立起互信的关系。

嵇鹤龄妻子病逝还在“七七”之内，胡雪岩没等人通报就“闯入”嵇家，拿着事先准备好的纸钱、香烛等祭品，真诚地向嵇鹤龄妻子祭拜。同时，他还安排人以嵇鹤龄的名义设法赎回了嵇鹤龄妻子生前的家具和首饰等物品，并派人送到嵇鹤龄家中。

嵇鹤龄早就知道胡雪岩是王有龄最为倚重的人之一，因此开始对他还是心存戒备，但看到胡雪岩的所作所为，嵇鹤龄明显感觉到胡雪岩与王有龄不同，没有官架子，做人待事比较真诚。他不仅解除了对胡雪岩的戒备之心，内心还被胡雪岩的人格魅力打动。

其实，胡雪岩的种种做法正是示之以诚。第一，胡雪岩从感情上打动了嵇鹤龄。嵇鹤龄妻子病逝不久，除了嵇家吊唁之外，几乎没人前来吊唁。而胡雪岩作为一个与嵇鹤龄交情并不深厚的人，却能真诚地祭拜他的妻子，传递着胡雪岩对其家境的同情，一下子便使其深受感动。第二，胡雪岩帮嵇鹤龄在实处。嵇鹤龄家中经济一直拮据，落魄到典当妻子生前所用之物的地步。真正帮到实处，让嵇鹤龄没有理由不感动。

胡雪岩也清楚像嵇鹤龄这样的读书人一向清高且要面子，肯定不会没有理由地接受别人的捐赠。胡雪岩这一点想得十分周到，他派人以嵇鹤龄的名义赎回了之前典当的物品，并且和嵇鹤龄言明，赎回只是暂时借与，等有钱之后再归还。如此一来，不仅为嵇鹤龄解决了家庭中的实际困难，还保住了他的面子。仅凭这些，就足以让一身傲气的嵇鹤龄对胡雪岩大加钦佩。

其实胡雪岩的做法所遵循的原则就是“动之以情，晓之以义”。动之以情，就是要让别人相信是真情，给别人的帮助也应该是出自内心的，自然要流露出诚心诚意。实际上，胡雪岩虽然是为了说服嵇鹤龄而使用的策略，但在他心里，也确实爱惜嵇鹤龄这样的人才，对其也真心佩服。胡雪岩虽然是一介商人，但却时刻接触新事物和各种知识，也经常为自己读书少而感到遗憾。因此，胡雪岩十分敬重那些读书之人，从这个角度来看，胡雪岩对嵇鹤龄的诚心诚意也是情理之中的事情。

胡雪岩在选用嵇鹤龄的过程中充分表现出的真诚，恰恰迎合了嵇鹤龄内心的需求，这也是促使他最终效力于胡雪岩的重要因素。而胡雪岩选人时的这些策略确实是高明且富有前瞻性的，更是后人值得学习借鉴之处。

第八节 诱之以利让雇工忠心效力

任何企业员工的劳动技能水平、熟练程度、劳动心态等方面都存在很大差别，假如员工干与不干都是一个样、干多干少薪水都一样多，必然会让一些平庸者不思进取、安于现状，进而挫伤一些勤奋努力者的积极性。为了避免这种情况的出现，企业必须要建立起一套赏罚分明的竞争奖惩机制，以便能最大限度地开发利用员工的特长和工作积极性。胡雪岩在胡庆馀堂就通过赏罚分明的制度进行管理。他实施的赏罚都以实际业绩为依据，公平公正，罚的时候不回避管理层，赏的时候不忘记普通员工。

胡庆馀堂中的工资收入以及职位晋升是最主要的激励方式。当时杭州城一家国药老字号叶种德堂有一位切药业务方面过硬的人，人送绰号“石板刨”，此人因为脾气火爆得罪了很多人，在叶种德堂难以立足。通过别人介绍，“石板刨”来到胡庆馀堂，胡雪岩不仅没有因为他的脾气火爆对其冷眼相看，反而给他高工资，还提拔他为药店大料房的负责人。在胡雪岩看来，宁可提拔有一技之长的“刺头”，也不愿意厚待唯唯诺诺的平庸之辈。人毕竟是有感情的，被提拔的“石板刨”对胡雪岩感激万分，他没有想到一个在叶种德堂不受欢迎的小人物能够在胡庆馀堂得到提拔和赏识，胡雪岩对他的知遇之恩又怎能不让其加倍效力呢？

在胡庆馀堂，对于有功劳之人，胡雪岩特设“功劳股”，这是一种从药店整体盈利中提出来的一份红利，奖励对胡庆馀堂做出贡献的人。功劳股是永久性的，也就是说，功劳者可能拿到自己去世为止。有位年轻药工孙永康就获得过这项奖励。有一次，由于天气原因，胡庆馀堂对面的一些商店起了火，火势迅速向胡庆馀堂蔓延。眼看大火即将要烧到胡庆馀堂门口的金字招牌时，孙永康迅速往自己身上浇了一桶水，并奋力扑打火苗，招牌是保住了，但他的头发和眉毛都被火烧掉了。胡雪岩得知这个消息后，对孙永康的行为大加赞赏，并宣布奖励他一份功劳股。

在胡雪岩经商的那个年代，企业主通常会施以小恩小惠拉拢雇工的心，当雇工年老体弱之后，企业主唯利是图的本性便充分暴露出来，他们大多会对老雇工采取“扫地出门”的态度，甚至对雇工忍痛挨饿也置之不理，这样会促使那些在职的雇工感到前途渺茫，因为眼下年老体弱者的下场就是他们日后的真实写照。胡雪岩为了打消雇工内心的不安定感，设立了“阳俸”和“阴俸”。

“阳俸”好比是退休金，专门发放给那些老弱体病的人；“阴俸”是雇工死后，按照雇工工作时间长短发给其家属的生活补助费和抚恤金。当然，并不是每个人都可以获得“阳俸”和“阴俸”，前提必须是对胡庆馀堂做出贡献的人。虽然胡雪岩设立的“阳俸”和“阴俸”成为胡庆馀堂开支的很大一部分，但却解除了雇工的后顾之忧，进而激发雇工的工作积极性与创造性。

需要说明的是，胡雪岩在日常的商业经营中并不仅仅限于物质方面的激励，他还采用“仁”“义”等精神教义提升雇工的忠诚度和责任心，用充分信任雇工、融洽关系等管理手段强化雇工的工作积极性。

由于胡雪岩能够主动对雇工的物质利益予以关注，并建立起一套行之有效的赏罚分明的激励制度，所以胡庆馀堂才不断吸引各类人才尽忠职守。“石板刨”孙永康就是个典型人物，他从叶种德堂来到胡庆馀堂，将自己对胡雪岩对胡庆馀堂的信任，用在五十五年的忠心效力上。

第十章

暗合商道，悟透哲理甘当儒商

第一节　信是经商之本

信义、信用是任何一个人的立身之根本。孟子曾说过："人而无信，不知其可也。"一个人如果不能够仗义而行，不仅被众人所不齿，还难以立足于社会。

对于经商来说，信用同样具有异乎寻常的作用，因为信用可以有效地争取到最宝贵的顾客。胡雪岩在日常经商中，经常挂在嘴边的一句话就是："做人无非是讲个信义。"他将"信用""信义"看着非常重，甚至有时会不惜牺牲自己的利益。

实际上，做生意和做人在本质上没有什么区别，一个能笑傲商场的成功商人，首先应该是个守信之人。胡雪岩就是一个诚实守信的商人，正因为如此，他才能在商场中获得比普通人更多的成功。胡雪岩的诚实守信，体现在很多方面，下面就是一个典型的例子。

胡雪岩的钱庄刚开业没多久，接待了一位特殊客户——这个人想在钱庄里存入一万两银子，且不要利息也不要任何凭证，这位特殊客户就是在绿营军任高级军官的罗尚全。罗尚全慕名将钱存入钱庄，不要利息，也不要凭证，一方面是因为听说过胡雪岩的大名，对胡雪岩讲信用也有所耳闻；另一方面是因为自己即将上战场，身上带着过多的银子实在不方便。

胡雪岩得知这一情况后，当即做出决定：虽然罗尚全不要利息，但还是参照三年定期存款的利息计算，三年之后如果取用，会足额给予利息。即使罗尚全不要凭证，胡雪岩也吩咐钱庄掌柜立好字据。因为做生意要规规矩矩。

没过多久罗尚全便在战场上阵亡了。在他阵亡之前，委托两位同乡好友到钱庄将钱取出，转到家人手中。罗尚全的两位同乡本以为没有任何凭据就去钱庄取钱会遭到拒绝和刁难，甚至担心钱庄会因此赖掉这笔账。没想到钱庄在查明两人的身份后，没费一点周折就为他们办理了取钱手续，而且将利息也一并支付。其实，当时罗尚全手中根本没有任何存款凭据，后来到钱庄帮助其办理取款手续的两位同乡好友，和钱庄也没有一点关系，假如钱庄否认这笔存款，当然也是无人可以证明，这样的做法有失道义，但商场上并不是没有出现过该种行为。钱庄并没有这样做，仅凭这一点就可以看出胡雪岩诚实守信的人品。

实际上，诚实守信是优秀商人必备的品格，信用对于商人绝对是至关重要的，商人重视信用，归根到底是为了赚更多的钱。这也是胡雪岩经商之道的一个侧面反应。我们都明白，商业运作中出现的买卖关系就是一种交换关系。这种交换关系，实际上是一种互利互惠的等价交换，双方只有自愿且都能获利，交换关系才有可能持续下去，生意自然红火。“诚招天下客”“信义通商”说的就是这个道理。

诚实守信，具体还体现在对自己许诺的慎重方面。商场之中讲究的是一诺千金，说话就是银子，任何一句话都有可能定局。因此，不可以轻易许诺，但一旦和别人许诺，就必须做到。绝对不说口头承诺，没有充分把握就不能轻易承诺。

对于这一点胡雪岩非常慎重，他曾不止一次地对下属说：“说话一定要算话，在答应别人之前应该仔细想一想自己能否做到？做不到的事情，千万不要轻易答应人家，答应人家就一定要做到。”

胡雪岩在经商中坚守着“信”字，即使在他陷入危机之时也不曾背信弃义。在钱庄经营困难之际，胡雪岩依旧诚实守信，照常做生意。他的这些做法，践行了“信”是经商之本的道理。

第二节　与义气相伴的商战启示录

胡雪岩从一个不起眼的市井布衣，成长为举世瞩目的红顶商人，经营中虽然不乏投机之举，却不应该用“无商不奸”的观念对他进行衡量。相反，胡雪岩是个有着过人胆识、为人忠厚通达、手腕圆活、眼光敏锐的奇商。他无论是在经商还是为人方面，在重利的同时并没有忘记义气，如此的豪侠之气完全符合经商之大道。

对于商人来说，最大限度地取得利润，是其从事商业活动的最终目的。只要能取得高额的利润，他可以突破人间的一切法律和道德约束，甚至冒着被杀头的危险也在所不惜。当一个人利欲熏心的时候，他会做出超出个人承受能力的事情。对于胡雪岩来说，他虽然追求巨额的财富，也做过许多唯利是图的事情，但是他的个人修养还没有完全被利益熏黑。胡雪岩十分清楚地知道，如果没有众多老百姓的支持，自己有再多的钱，也只是过眼云烟，来得快去得也很快。

胡雪岩从小也是从穷困和艰辛之中过来的，他体会过贫穷对一个人意味着什么。而之所以会有贫困，是因为有剥削的存在。当胡雪岩慢慢长大，懂得了在这个世间生存的法则之后，他原来的雄心壮志，也被现实无情地摧毁。让自己和周围的人过上好日子，远没有他自己想象得那么简单。随着时间的推移，他手中的财富越积越多，但是其内心深处，仍没有失掉最初的悲悯。从个人角度来说，在胡雪岩的心中，仍有一种义存在着。这种义是对于老百姓，是对于国家，也是对胡雪岩本身。在特定的历史条件之下，有这样的修为，确实是一种很难得的高风亮节。

胡雪岩曾经坦言："谈及到我的志向与众不同，我同样希望钱越多越好。但有了钱之后，并不是拿着厚厚的银票糊墙壁，而是应该花出去！世上最痛快洒脱的事，就是看到有人穷途末路，自己刚好有钱，豪爽地一掷千金！"在胡雪岩涉世初期，即使有被老板解雇的风险，还慷慨捐助失意困顿的王有龄北上捐官，使其从此平步青云。此种举措并不是出于功利的目的，而是为自身日后寻求好靠山，是自己天赋的自然表露。当王有龄凯旋归来后，找到当初对自己有恩的胡雪岩，此时的胡雪岩本可以因为寻求到靠山对旧老板反唇相讥，以报当初被解雇的怨恨，但他并没有这么做。胡雪岩将商场中的自谦也运用到官场之中。出身卑微并缺少商场实战经验的他，对于商场、官场以及人生的悟道，很多是出自对江湖义气的理解和崇尚，和对人情世故的把握和揣摩。

在胡雪岩性格的组成成分中，义气是其中的核心所在。他因为义气受到沙船、漕帮头领们的信任，并与其成为至交。如果说胡雪岩在和文人政客相处时还存在附庸风雅，情感还存有隔膜的话，那么他在江湖处事上却没有任何障碍与隔膜。因此在运军粮、买漕米等数桩传奇事件上，那些帮会头领能够给予胡雪岩无私的帮助，归根结底是对胡雪岩江湖义气的尊崇，以及被其人格所感化。胡雪岩与别人相处，懂得将心比心，攻心为上，加之他能广交四海挚友，出手又大方，投其所好，总能实现自己的目的。对于胡雪岩而言，似乎没有他收服不了的竞争对手、化解不了的矛盾和结识不到的朋友。即使像嵇鹤龄一样刚直不阿、软硬不吃的人才，胡雪岩都能投其所好，并动之以情，晓之以理。嵇鹤龄虽然知道胡雪岩是刻意笼络自己，但这种笼络让其难以拒绝，最终甘心情愿地效劳。胡雪岩为人做事既出乎意料又合情合理。漕帮老前辈俞三婆婆曾这样评价胡雪岩："他既忠厚又是个狠角色。忠厚是胡雪岩的本性，狠是他的手段！胡雪岩忠厚的一面是资助给王有龄的捐官费，这件事本可以隐而不报，他却如实相告，即使遭到解雇也无怨无悔；罗尚全出于对胡雪岩的信任，想把钱存在胡雪岩的钱庄里，声称不要利息，甚至不要收据，胡雪岩不仅为其妥善安排了存款，即使在罗遇难，没有任何凭据的情况下，胡雪岩还连本带息地将存款返还给罗的家人。"

可以说义气是胡雪岩参透人生、参悟世故的一剂良药，使他在官商两道以及江湖上左右逢源，并带来通达的事业和显赫的名声。但或许也因为他的义气，为日后埋下了失败的种子。胡雪岩出身底层，身逢乱世，怎么样实现自身的人生价值？显然，仅凭借眼光和精明是不够的。自始至终，他对中国商人的处境、地位以及前途命运等都有较为客观和冷静的分析，特别了解中外政府对商人的态度：中国商人的地位不甚理想，屈居于"士农工商"之末，还要蒙受"无商不奸"的骂名，而洋人经商却处处得到尊重，属于"第一等人"；洋人官商一体，官府能够为商人排忧解难，而中国的情况则恰恰相反，官府只会剥削商人，根本就不会保护其利益。

在认清楚这些之后，胡雪岩决定依靠官府。在他看来，只有巴结官府，官商一体，才可能让自己立于不败之地。为此，胡雪岩着眼于大局，没有计较眼前的得失，不断在官场中进行投资，以寻求强有力的支持和靠山。胡雪岩这样一位具有一等头脑、一等眼光、一等手段的商人，在当时官场腐败、社会矛盾尖锐的背景下，一方面积极地在官场中效劳，一方面也将乱世作为投机钻营的好机会。他通过拉拢收买与精心谋划，和王有龄、左宗棠、何桂清等众多官吏拉上关系，与其说他是巴结投靠官吏，还不如说他将政客玩弄于股掌之中，正是这种政商关系，促成了胡雪岩的成功。但不容否认的是，在官场黑暗的情况下，胡雪岩企图用趋炎附势、笼络贿赂等手段换取自身事业的发展，无异于时刻与风险相伴。官吏欲壑难填，一味地笼络贿赂只会让其物欲不断膨胀，最终只会加快其衰亡的进程。

如上所述，虽然胡雪岩不乏投机之举，却也少有奸商恶名。他在官场互相利用的情况下，也能将一个商人难得的品质表现出来，顺境时如此，逆境中也没有改变其初衷。当自己处于山穷水尽之际，还全力支持左宗棠，虽然此时的左宗棠逐渐失去朝廷的恩宠，在与李鸿章的势力较量中也处于下风，但出于义气，胡雪岩还是忠心地维护着左宗棠，致使自己成为李鸿章的眼中钉。同时还是因为义气，不忍心蚕食养蚕人的利益，在丝业上遭到洋人的剿杀。从很多方面来看，胡雪岩“成败皆在义气”。让胡雪岩始料未及的是，自己所忠心的官府，不仅没能对他的义气给予强有力的保护和回报，还将他的梦击碎，并葬送了他的理想。抛开胡雪岩的政治色彩以及阶级属性，他的确是个充满魅力的商人。他的处世观念以及轻松驾驭事物的能力，都具有浓郁的传奇色彩，也是他留给后人最清晰可见的商战启示录。

第三节　胡氏经商，“勇”字当头

勇就是决断力。对于商人来说，关键时刻的一念之差会产生截然不同的结果。因此，紧急时能否果断拍板，对于生意的成败与否起着至关重要的作用。特别是孤注一掷时，又发生了突变，商人多虑，如果总是辗转犹豫，且不说劳心费力，贻误扭转时机，单单是这样的工作方式，也会令下属、合作伙伴大为担心与失望。商人缺少决断力，必会令局面徘徊不前。

商人都明白，勇的前提是建立在对各方面情况都了如指掌或者经过缜密思考的基础上，胡雪岩为了做好丝茧生意，首先从生丝的生产知识等方面着手。生产季节到了，人手充足了，资金充裕了的情况下，他还要对生丝市场进行了解。为了了解市场，胡雪岩将这个任务交给徒弟陈世龙。经过徒弟四处打探消息，胡雪岩了解到小刀会即将要起事了。

小刀会起事会产生什么样的影响？该如何应对？这就需要胡雪岩根据实际情况作出决断。当然，如果小刀会有进一步的消息，或者另有计划，胡雪岩还需要重新作出决断。囤积生丝同样有风险，首先就是要压很多本钱，假如市场很快恢复平静，那么囤积生丝就失去了意义。这时就需要作出决断了，因为任何商人都不可能知晓与决断有关的所有信息，因此就存在一定的风险。在关键时刻，商人只能根据市场存在的实际情况大致进行估算。至于估算是否准确，形势能否朝着好的一面发展下去，都还是未知数。

最终，胡雪岩作出的决断是，大量购买生丝，屯往租界。他给出这样的理由：小刀会被洋人暗中支持，官府必然会借口整治洋人。最好的方法就是切断和洋人之间的通商，因此不出三个月，洋人即使有钱也买不到生丝，到时候必然促使生丝价格大涨。局势的发展果然如胡雪岩所料想的那样，两江督抚上书朝廷，要求惩罚洋人禁止与其通商，朝廷自然会同意这样做。

这是胡雪岩做成的第一单大买卖，为了这笔大生意，胡雪岩向钱业同行借调了九十万两银款。假设此次胡雪岩的决断失误，屯丝三个月，支付利息不说，生丝市场突然放开，导致丝价大跌，恐怕就看到胡雪岩以惨败收场了。庆幸的是，胡雪岩的决断并没有失误，他从官场、江湖等方面得到的消息没有纰漏，他的这一决断最终换来了实实在在的银票。

大家都知道商人的天性无非就是希望市场能够按照自己的预期发展，各种意外越少出现越好。勇究竟是什么？勇就是机遇与厚利。胡雪岩之所以将勇看得如此重要，是因为勇的两头承载着过多的东西，一头是智，一头是风险。因为存在未知性，所以才可能有机会，胡雪岩借钱给浙江布政使麟桂就是个典型案例。

胡雪岩的钱庄刚开业没多久，即将要调离浙江的麟桂便向胡雪岩借三万两银子。胡雪岩对麟桂所知甚少，况且钱庄刚开业没多久，店里并没有太多银两。这笔借款也不完全是纯商业利益，里面还有人情在，他倒不担心麟桂不还账，但要是长期拖欠，就有些为难了。

胡雪岩暗自叫苦，主意却在心里慢慢打。最终，胡雪岩做出了决断，派人将凑够的银子送到麟桂府上，麟桂自然感激不尽。令胡雪岩没有想到的是，知恩图报的麟桂答应在钱庄生意方面给予胡雪岩帮助，没过多久，胡雪岩的钱庄便顺利开到上海！这是胡雪岩生意发展过程中颇为得意的事情，钱庄借了这个机会迅速发展，成为在当时颇具规模的知名钱庄。

第四节 “真不二价”的经商原则

在做生意的过程中，同行之间的相互竞争不可避免，如何打好价格战呢？胡雪岩的策略就是“真不二价”。胡庆馀堂开办初期，杭州城叶种德、许广和这两家开设时间早、名气大的药号便暗地里与胡雪岩展开竞争。

这两家药号在杭州城有着很高的影响力，而且也都有自己的独特之处。当胡庆馀堂开办后，胡雪岩采取的送药、代煎药、养鹿取茸等服务，很快便吸引了大批顾客，并出现了极旺的势头，每天顾客络绎不绝，而且杭州城附近很多州县的百姓也会专程来胡庆馀堂买药，此时的胡庆馀堂风光无限。胡雪岩的生意好了，自然会招致其他两家药号的妒忌，于是他们决定与胡雪岩打场价格战，希望通过低价销售的策略搞垮胡庆馀堂。叶种德的老板率先打起了价格战，他卖的高丽参比胡庆馀堂一两便宜三厘，当归每两便宜两厘……如此等等。双方打起价格战，顾客自然挑便宜的买，于是叶种德又拉回了一批顾客。

按照常理，胡雪岩应该采取还击的策略与其他两家药号打价格战，况且，胡雪岩也具有长久打价格战的能力。在胡庆馀堂开办初期，胡雪岩就有典当行和钱庄做经济后盾，如果他想要和其他两家药号拼价格，具有一举挤垮他们的能力，但胡雪岩并没有采用这种常规的策略。在胡庆馀堂受许、叶两家药号压价致使其自身营业额下降的第二天，胡雪岩不仅没有降低价格，反而在药堂大厅处悬挂起一面牌匾，上面清晰地写着四个烫金大字——真不二价。

胡雪岩采用的这个策略是深受“韩康不二价”故事的启发和影响。韩康是古代一位精通医道，能清楚地辨别百草的采草人。他以采药卖药为生，每天都会上山采药，然后将采集到的药材拿到集市上去卖。喧闹的集市上自然少不了讨价还价的人，一些投机倒把的卖药人经常以次充好，药材本来就不货真价实，因此也接受顾客的砍价。但韩康从来都不让顾客砍价，他对那些砍价的顾客说：“我的药之所以不砍价，就是因为它值这个价，我也只卖这个价，这就是真不二价。”当一些满心疑惑的顾客买了韩康的药，一两次就能除病后，便相信他的药是真材实料，也打消了心中的疑惑。至此，“韩康不二价”便流传开来，生意自然越来越好。

当胡雪岩在药堂里挂出“真不二价”之后，也就意味着他向顾客作出了这样的承诺：顾客从胡庆馀堂买的药都是真材实料的，不会有半点掺假的成分。胡雪岩内心也清楚，降价销售，并不是长久之计，只是维持一时局势发展的下下策。因为药材自身的价格是明摆着的，想要长久地做生意总不能为了压制竞争对手而自身一直处于亏本的状态中。如此经营的话，还没等挤垮竞争对手，自己就可能先倒掉了。想要让自己不因为降价销售而做亏本买卖，只能以次充好，这必然会降低药品的质量。其实每个顾客内心都有一杆秤，卖药就是用来治病的，如果顾客买来的药不起作用，必然会影响药号的名声，最终吃亏的还是药号。胡雪岩就是要告诉顾客，胡庆馀堂卖的药材货真价实。

任何商业竞争中，价格方面的竞争都是一种能瞬间起到一定效果的策略。在商品品质相同的情况下，价格上的高低，必然至关重要。通常价格低的商品销量会好一些。但绝不能忽视“真”字，商品价格低廉的同时还应该保证货真价实。假如以牺牲商品品质而降低价格，甚至用假货欺骗顾客，虽然能够收效一时，但却不是长久之策。

胡庆馀堂建立在“真”基础上的“真不二价”，对于提升顾客满意度以及药店的长久经营起着至关重要的作用。正如胡雪岩所说的那样：“说真方，卖假药，最要不得。”

第五节　真面子就是金字招牌

商人的面子有两种，一种是真面子，一种是假面子。性格刚正的商人，属于前者；而虚伪的商人，则属于后者。在胡雪岩眼中，真面子就是块金字招牌，真面子如果能保得住，招牌就不至于倒下。他特别注重真面子，即使在身处危机之中，也毅然决然地保住真面子。

上海的阜康钱庄发生挤兑风潮之后，第二天便波及杭州。从上海赶往杭州的胡雪岩还没有下船便采用了三项补救措施，目的就是最大限度地保全面子。

第一项措施，一切排场照旧进行下去。在胡家地位特殊的乌先生告诉胡雪岩上海和杭州的真实情况后，建议胡雪岩选择在离家略近的万安桥登岸，这样可以保证自身安全。胡雪岩的宅邸位于杭州元宝街，而钱庄则地处清河坊，因此，每当他从外地回到杭州，都会选择在元宝街与清河坊之间也就是杭州城人流最集中的望仙桥码头登岸。而且每次回到杭州，家人都会摆隆重的排场接应胡雪岩的归来：码头上站立两排人，举着大红灯笼，打起旗子，旁边摆放着一顶红褐色大轿子。如此隆重的排场经常引来很多看热闹的行人驻足观看。乌先生自然会建议胡雪岩在风潮正紧的时候不要过于张扬与高调，但胡雪岩并没有听从他的建议，并要求按照此前的排场进行。表面来看这是在保住面子，其实胡雪岩向外界传递的信号是：

不要以为阜康出现挤兑风潮，自己就灰溜溜了。

第二项措施，阜康照常营业。来到阜康钱庄的胡雪岩否定了钱庄挡手谢云清和螺狮太太提出的闭店三天的建议，要求钱庄继续营业做生意。此外，胡雪岩还要求谢云清查看储户账目，并做两件事：第一是提前支付几个钱庄大户的利息，并派人将银票送到他们府上；第二是转告钱庄大户，想要提款要提前交代，以便提前准备好。这是胡雪岩向他们释放出的“不差钱”讯息，也是守信用、要面子的表现。

第三项措施，三女儿的喜事照旧办。从上海回到杭州的胡雪岩，主要是为了三女儿的婚事而来。虽然早就知道钱庄发生的变故，但他刚进家门就告诉螺狮太太，三女儿的婚事不能取消，一切照旧进行。并且还叮嘱，无论发生什么、用什么办法，场面还是要做起来。这当然还是胡雪岩要面子。钱庄挤兑风潮发生后，胡家能否按照以前的排场操办女儿的婚事，也是坊间热议的大事，假如女儿的婚事没有往日里风光的排场，胡家自然丢了面子。胡雪岩断然不肯就此丢面子。

当然，胡雪岩的这些补救措施并不是死要面子的强撑、硬撑。他采取的措施还是取得了明显的效果：钱庄客户并没有因此对阜康钱庄失去信心，不仅稳住了人心，还提升了胡雪岩在他们心目中的信誉度。正因为如此，挤兑风潮逐渐平息，并没有朝恶性方向发展下去。

这就是胡雪岩在危机管理中力挽狂澜的策略，在他眼中，只要钱庄的招牌不倒，一切就都还有希望。也正是因为他保住了真面子，才能在商海沉浮中一次一次地化险为夷。

第六节　大行善举，铸造儒商品性

假如一个商人总是像豺狼虎豹追逐猎物一样去捕捉各种大小利益，这无疑使得活着的价值降低。在胡雪岩看来，商人应该大行善举，把商场上获得的利益回报给社会，提升自身价值的同时，也可以让金钱发出光来。胡雪岩在经商中一直怀有“上忧国，下忧民”的志向，这是他优良品质的一个表现。协理洋务、西征是报国的体现；善扶贫苦民众则是忧民的体现，这是胡雪岩暗合商道的另一个特点。

左宗棠在和太平军作战的过程中，与胡雪岩两个人从相识到相互信任，逐渐地成为一对十分默契的搭档。公元1866年，左宗棠奉命担任陕甘总督，开始了漫长的西征之路。虽然朝廷答应会给他一应的军费，但是左宗棠明白，等朝廷的那点银子到了，西征早就失败了。清朝政府，只给了左宗棠一个空官职，只是象征性地给了点银子，没有物资，没有其他协助，一切应有都要自己想办法。左宗棠无奈之下，只好再去找胡雪岩想办法解决军饷问题。

据史料记载，为了帮助左氏西征，胡雪岩分批次向洋人贷款，总额达一千八百七十万两。这对于一个商人来说，可不是一件小事情，一旦出现什么问题，胡雪岩很有可能背负不起这一身的债务。但是，作为一个有胆有识的商人，胡雪岩觉得这样的赌注，自己可以去下。只要能够顺利地使左宗棠的大业实现，那么自己也会乘坐上这一副云梯，迅速地爬到权力的高峰。到那个时候，胡雪岩将不仅仅是一个富商，还是一个手握大权的大官。这对于胡雪岩来说，是一个极大的诱惑。

对于左宗棠的西征，胡雪岩早就有了心理准备。西北地区路途遥远，物资钱粮转运十分不容易。可能会打上很多年才能取得胜利，如果自己能把这一次西征所有的财政用度都扛下来，这其中的利益是不言而喻的。胡雪岩再接下来的几年里，在众多的洋人银行之间，自由地穿梭，在高利息的遮盖之下，顺利地为左宗棠筹集到巨额的军费。

商人的天性似乎就是追逐利益，商人也因此在传统社会里被视为狡诈和吝啬的代名词，甚至在情感方面也与“重利忘义”画等号，其实这些都存在一定的偏见。事实上，历朝历代不乏热心资助慈善、将公益事业进行到底的明智经营者，这样的经营者往往也会留下善名，在事业中也会收获更多更好的回报。

商人进行善举必然会花钱。对于商人而言，行善举留芳名不仅要舍得花钱，而且花钱要花对地方。在胡雪岩看来，“花一文钱能办到十文钱的效果”才是花钱高手。在那个兵荒马乱的时代，胡雪岩深刻地领悟到要留善名先要施恩布泽的道理。

胡雪岩老家有条钱塘江，是浙江省第一大河，处于皖、浙、赣三省交界处。由于地理位置特殊，每逢多雨季节，钱塘江上游水流湍急，疾驰而下，形成气势磅礴、汹涌澎湃的“钱江潮”。海潮与急流的相遇使得钱塘江水文变得异常复杂，历来是旅航中最艰难的一段。晚清末期，钱塘江两岸很多人靠渔船过江，临行前要选个风平浪静的日子，有人要渡江，家人都会求神，祈祷渡江平安。即使是这样，渡江也难免不出危险。

为了让钱塘江两岸的民众能够安全顺利渡江，胡雪岩捐银十万两，还豪言道：“主办钱塘江义渡，不做则罢，做必一劳永逸，至少让民众受益五十年。”

当时，钱塘江还没有架设桥，金华、绍兴等地的民众进入杭州城必须从西兴乘船，然后在望江门上岸。由于当时杭州城大名鼎鼎的叶种德堂就设在望江门附近，因此生意兴隆，而胡庆馀堂则开设在河坊街大井巷，人流量自然要小很多。对于一家商号而言，商场竞争中想要获利，必须要在天时、地利、人和这些方面都占据优势，但胡庆馀堂现实的地利条件摆在眼前，胡雪岩又该如何改变这种状况呢？

胡雪岩亲自到码头进行调研，一位经验丰富的船工告诉他，想要让更多的人改道进杭州城，最好的办法就是把码头换到其他地方。此时的胡雪岩心里亮堂了很多，主意也开始在内心酝酿着。

胡雪岩又沿着江边考察，他了解到从西江登船渡江，航程非常长，且风浪大，渡江十分危险。通过一番考察，他决定选择在三廊庙附近江道较窄处兴建义渡，把码头设在这里，让更多人选择从这里进杭州城。

在胡雪岩的监工下，码头很快修建好，他又自掏腰包修造了几艘大型的渡船，不仅能载民众，还可以拉牲畜等。关键是渡船完全免费，这让很多民众都拍手称快。就这样，胡雪岩在很多民众心目中留下了美誉，很多人也选择在胡雪岩建造的码头进杭州城，胡庆馀堂此前在地理上的不足也变成优势，而叶种德堂的生意也随之衰退。

钱塘江义渡的建造使胡雪岩一时间成为民众心目中的慈善人士，不仅方便了民众的出行，还促进了商业贸易的发展，实际上对胡雪岩的经商活动起到了良好的促进作用。需要说明的是，虽然义渡使用的船比以前的渡船宽大，行驶平稳，但还是依靠人力摇动，遭遇到大潮或急流时也只能封江停摆。

事实上，胡雪岩踊跃善行捐赠、捐款的事例还有很多。有一年山东发大水，胡雪岩就一次性捐出二十万两银子。除此之外，他还捐助药品、粮食等。他明白，在天灾人祸面前，每捐助一分钱就能多挽救一个人的生命，受灾民众自然是感恩戴德，官府也会因为自身的捐助加以赞赏。浙江收复之后，左宗棠召见了胡雪岩，告知他由于官府财库亏空，不能如期偿还欠胡雪岩的银两。胡雪岩当即表示，欠款不用偿还，权当是为官府出的一份力。这一举动令左宗棠大为感动和佩服，在上奏的折子里评价胡雪岩“实属深明大义不可多得之员”，并极力恳请朝廷嘉奖胡雪岩。由此可以看出胡雪岩经商手段之高明。

第十一章

成事在人，胡雪岩的财富“绝学”

第一节　不与人拼争，永远成不了强者

在商场交锋中，与人拼争的性格，可以看成是一种由内而外强化自己实力的手段。胡雪岩在经商中曾多次与洋人进行拼争，为的就是要争回一口气。

胡雪岩是个商人，他首先考虑到的是利益。由于当时他所处的环境是个矛盾重重的时代，因此他个人的利益与国家利益密不可分，特别是他与洋人之间做的生意。

江南的蚕桑业极其发达，在未遭侵略者入侵之前，手工染丝业极其盛行，由很多大大小小的手工作坊加工。因此，蚕桑业相关的从业人员不计其数，假如市场出现大的波动，必然会让数以万计的家庭破产，甚至流落四方。当时清廷对江南特别是江浙等地区的蚕桑业出台了保护措施，禁止任意哄抬价格以及垄断，所以江浙地区的桑蚕业发展比较健康。

当外国势力侵入中国之后，这一健康的发展态势被彻底改变了。西方列强手中拥有先进的机器，其生产效率是手工作坊的数倍，而且质量方面也强于传统的手工制作水平。洋人开始开始大批量的收购市场上的生丝，然后将生丝运回本国，这样一来使得江浙地区的手工作坊没有了生产原料，大多闭店。当很多手工作坊倒闭之后，洋人就顺势控制了蚕桑业市场，他们借机压低生丝价格。在这种情况下，生丝如果没有采取保护措

施，用不了一个月就会从雪白变得土黄，从而极大贬值。很多蚕农不愿意眼看着雪白的生丝变成土黄而影响收购价格，万般无奈之下还是将生丝送到洋人设的收购点。

在浙江多年的胡雪岩自然对蚕桑业看得十分清楚。虽然他想涉足于蚕桑业，但苦于没有闲置资金，只能先安心开办钱庄。很快，他从钱庄生意上赚回了大量银两，资金雄厚的他开始进入到蚕桑业。

胡雪岩以浙江巡抚的名义开始收购生丝，且收购价格要高于洋人的价格。这对于那些饱受洋人戏弄的蚕农而言，无疑是个好消息，于是他们将生丝卖给胡雪岩。可仅凭胡雪岩一个人的资本，又如何能承担起收购浙江全省的生丝的重担呢？反复思考后，胡雪岩想到一个主意，由浙江巡抚出面主持，成立蚕丝商会，其成员由大富豪、乡绅、官僚等人组成。如果有人愿意出钱可以出钱，不愿意出钱的可以向蚕农提供担保。

胡雪岩明确地和那些卖生丝的蚕农们说，自己先支付一部分钱，另外一部分钱会出具欠条。欠条不仅由浙江蚕桑商会进行担保，而且还加盖有浙江官府的官印。这部分钱要等到秋收之际予以支付，并会付利息。

胡雪岩的这一做法果然见效，洋人也慌了手脚。西方很多国家的丝厂都特别依赖中国的生丝，尤其是英国。胡雪岩将生丝重新垄断之后，使这些国家的丝厂纷纷告急。为此，外国洋务商办找到胡雪岩，要求向他们出售生丝，甚至说价格高一点都能接受。此时胡雪岩给洋人的报价比以前高出很多，洋商大多摇头。接下来，洋商进行密谋，借助于他们的洋务代表赶往北京贿赂朝中的一些官员，希望他们能出面挽回自己所处的被动局面。胡雪岩早有预料，他说服王有龄上了一道奏章："江南丝业，其利已为洋人剥夺殆尽，富可敌国之江南大户，于今所余无几……民无利则国无利，民心不稳，则国基不牢。鉴此，本府痛下决心，力矫蚕桑弊病。兹有商贾胡雪岩者，忠心报国……”奏章中对洋商给政府带来的伤害作出了准确的分析与判断。因此奏章一到京城，大多数大臣都认为言之有理，并启奏皇上，希望其他省份支持并效仿浙江的做法。在这种情况之下，那些接受外国洋务代表贿赂的官员们不敢轻举妄动，也意识到事态的发展不可能顺畅下去。

洋商们见此计行不通又生一计，决定正面回击胡雪岩。他们在生丝市场上放出风声，说坚决不收胡雪岩的生丝，即使压低价格也不会考虑；同时，洋商在其他省份通过价格上的优势，大量收购生丝，并且当场支付银两。

洋商的这些举措确实让胡雪岩备感压力。他分析后认为，如果洋商真的从其他省份高价收购到足够的生丝，哪怕只是一个月的生产量，对于胡雪岩来说，后果也是不敢想象的。生丝不仅占用大量资金，而且也不宜长久保存，这一切让胡雪岩备感焦虑。好在胡雪岩在关键时刻，仍然能气定神闲，他立刻启程赶赴上海。

胡雪岩到达上海后，拜访了陈正心。此人不仅为人豪爽，而且乐于助人，在上海颇具影响力。胡雪岩通过陈正心发请帖，将上海各丝行老板全部召集来，陈正心并没有让胡雪岩出面，而是向上海众商行老板询问对胡雪岩在浙江所作所为的看法。各商行老板对洋商的贪得无厌表达了愤怒，却遗憾上海没有出现像胡雪岩这样的人物，后来有人当场提议由陈正心出面领导大家一起抵抗洋商。

数天之后，上海的丝行老板要求洋商提价，并告诉洋商，胡雪岩已经开出高价来购买生丝。洋商这才意识到事态的发展越来越对自己不利，他们想通过私底下拉拢分化某些丝行老板来实现自己的目的，但却遭到拒绝。商行老板明确告诉洋商，如果私底下将生丝卖给他们，会遭到同行的唾弃，甚至还会背上卖国的骂名。

洋商自然知道此事除了和胡雪岩当面商讨之外，其他办法几乎行不通。在这种情况下，洋商不得不向胡雪岩服了软——给胡雪岩一个最合理的价格。

胡雪岩办洋务，一向都能激发出强烈的民族感，在他看来，和洋商做生意，两种态度应该摒弃，一种是将洋人视为未经开化的野蛮人；另外一种是见到洋人腿脚酥软，视其为衣食父母。用这两种态度去办洋务，岂不落下辱国之骂名？

封闭很多年的中国，在自身文化上养成自高自大的恶习，对于外面的习俗与文化既不求同，也不存异，看见异端通常会一棍子将其打死。而胡雪岩无疑是那个时代极具抱负和富有远见的人。和那些盲目崇古、不知变通的士大夫相比，实在有太多的可取之处。由于能看得清变化趋势与潮流发展，他才能游刃自如地纵横商场。

第二节　用钱生钱

经商中如何才能用钱生钱呢？胡雪岩采用的手段是“紧盯钱眼”。在日常的商业经营中以钱生钱，也就是说，当有了一定数额的钱之后，加上合理的调配，就能达到钱生钱的目的。如何合理调配，是每一个经营者智慧与才干的体现。中国有句俗语“巧妇难为无米之炊”，作为一个经营者来说，无论拥有多么强的经营能力，如果缺少金钱支配，那么所有的一切都将难以变成现实。

传统商人大多拥有“一分钱创天下”的能力，但也深知，如果一分钱一分钱地去积累财富，经商过程将十分漫长。在这种情况下，绕开最初的资金积累阶段，进而从借贷开始，就成为很多商人的经商策略。

胡雪岩就是这样一位借贷高手。在他事业的起步阶段，并没有过多的资金，就是因为他懂得钱生钱的道理，他的事业也是从借贷开始。

胡雪岩想要开办药店，和刘三才商讨相关事宜时，他一开口便说想筹集到十万两银子，这在当时确实有些“吹牛皮”，因为连胡雪岩自己也不清楚究竟在哪里能筹到钱。虽然郁四表示要入股，但要让他拿出十万两银子，也是难以企及的事情。在乱世之中，胡雪岩有自己的原则，不干伤害朋友的事情。虽然银两一时间没能筹到，但胡雪岩脑子一转，找到了筹集银两的方法：

首先，他向杭州城那些中饱私囊的地方官们借钱。胡雪岩想到的人就是杭州抚台黄宗汉。在胡雪岩看来，开办药店本来就是个稳赚不赔的生意，况且还能留下济世救人的好口碑，没准黄宗汉能拿出一笔钱投资，如果攻下他，后面的事情就容易多了。

第一步如果顺利，接下来就相对轻松很多。随后，胡雪岩想办法让官府出资为自己开设药店。为胡雪岩效力的刘三才有一个被称为“诸葛行军散”的药方，该药方配料与众不同，专治军队行军打仗时可能出现的瘟疫等病。为此，胡雪岩想从专管军队后勤保障的粮台作为突破口。

胡雪岩采用“成本价”的方式给军队送去了“诸葛行军散”，有捐饷的，可以让他们以“诸葛行军散”的方式代捐，写明数量多少，折合银两多少。胡雪岩坚信，军队里的兵将们只要认同这副药，就能够和粮台扯上关系，也能顺理成章地提供为军队供药的业务。

除了“诸葛行军散”之外，胡雪岩还弄到了另外一些疗效好的药方，如刀伤药、驱瘟散等。目的就是要让军队定购这些药品，如此一来，就可以用来发展药店生意了。

值得称赞的是，胡雪岩这一步走得异常顺利，他凭借他人的资金，开创了自己事业筹措资金的方式，为药店生意打了良好的基础。

其实胡雪岩创业之初动用的银两不是自己的，都是从外面借来的。当第一笔生丝生意交割之后，胡雪岩开始着手药店和典当行的生意。此时的他没有过多的资金。虽然生丝生意表面上赚了二十万两银子，但除去外债以及日常开销所剩无几，甚至还出现了几万两银子的亏空。在缺少资金的情况下，胡雪岩又想着药店和典当行的生意，不禁让人提出疑问，就连对胡雪岩赞赏有加的古应春也产生疑问，胡雪岩哪还有余力去开办药店和典当行。

胡雪岩自然有自己的打算。钱庄的进一步发展有庞二的支持，而做生丝生意，依靠的是同行老板们的集股；药店得到了官府资金上的捐助；而典当行生意，胡雪岩看中了苏州潘叔雅等富家公子。

胡雪岩选中苏州富家公子，也是借助别人资金、成就自己事业的充分体现。胡雪岩去苏州办事期间，结识了当地富家公子潘叔雅、吴季重、陆芝香等人。当时正值苏州地界被太平军进攻之际，一方面官军打仗，民众不得安宁，另一方面太平军步步逼近，这帮富家子弟想到上海避难。虽然他们有大量的现银，但位于苏州的田地、房屋等自然不能搬到上海去。他们得知胡雪岩做钱庄生意，于是想借助胡雪岩的钱庄，将手中的现银带到上海。

胡雪岩得知这些富家子弟的现银有二十多万两之时，便为这些现银拟出一份使用方案。他建议富家子弟将现银存入钱庄，其中的一半作为长期存款，以求得到利息，另外一半作为活期存款，用来经商，这些事情都由胡雪岩一人承办，总体的原则就是让富家子弟的现银达到利息细水长流的目的。实际上，这是胡雪岩给自己吸收到的一笔安全可操控的流动性资金。

精明的胡雪岩之所以为这些富家子弟策划现银的事情，是因为他通过观察发现了便于自己生意发展的绝佳机会。依照胡雪岩的观察，这些富家子弟往往不切实际，和他们打交道往往吃力不讨好。但他转念又想，如果这些富家子弟能够听从自己的建议，一定能给自己的生意带来很大帮助，有了二十万的流动资金，可以做任何想做的生意！于是胡雪岩的典当行就这样开办起来了。

从胡雪岩借助外力筹措、积累资金的角度来看，是一种由慢慢积累创业资金到主动寻找可利用资金的高效手段，也是一个经商者卓越才干与过人智慧的集中显现。

第三节　虚实背后的秘密“绝学”

天下之大，什么人都会出现，什么事都会发生。在必要时，应该使用虚招，以实现自身的目的。这是胡雪岩众多财富绝学中的一个，也就是说，“虚虚实实”“真真假假”是胡雪岩惯用的一种策略，也是他与众不同的经商“绝学”。

胡雪岩没有发迹之前，家里经济条件极为拮据，家里可典当的物品也少之又少，只剩下一只猫，胡雪岩就想把这只猫卖掉。事实上，一只猫根本不值几个钱，胡雪岩夫人也认为胡雪岩的想法荒唐，但胡雪岩灵机一动，和夫人耳语一阵后，夫人拍手称奇。

第二天，胡雪岩站在自家门口拉大声音告诉他夫人：“夫人，我要外出几天，你一定要照看好这只猫，这样的猫全城只有一只，不要让别人知道。要是被人偷走了，就要了我的命！”胡雪岩总会时不时地说这些话，时间一长，邻居们听多了，不免产生好奇，特别想看看这只全城找不出第二只的猫长什么模样。可猫被胡雪岩夫人关在家中，外人根本见不到。

有一天，猫挣脱了绳子跑到了门口，胡雪岩夫人赶忙将猫抱了回来。恰巧被眼快的邻居看到，那只猫全身上下的毛是红色的，对于这样一只独特的猫，邻居们无不感到惊奇，就这样，消息很快传播开来。回到家的胡雪岩得知邻居看到了他的猫，痛骂起他夫人。

没过多久，当地一名富绅也得知猫的消息，于是就派人到胡雪岩家中高价买这只猫，胡雪岩坚决不卖。越是这样，富绅就越不甘心，出价越来越高，但胡雪岩还是不愿意卖。富绅不愿意放弃，好说歹说，胡雪岩才允许他看一眼猫，富绅看完猫之后，更加感觉这只猫与众不同，无论如何也要买下这只猫，最终花了三十万两纹银抱走了猫。

得到猫的富绅高兴极了，想通过调教将它献给皇上。可是没过多久他发现，猫浑身的毛出现了褪色，不到半个月，就从一只红毛猫变成一只白毛猫。富绅只好抱着猫去找胡雪岩，谁曾想胡雪岩早就搬走了，下落不明。

事实上，胡雪岩用红色颜料给猫染了毛，染的次数多了就成了红色猫。而他故意大声和他夫人说话的行为，不过是吸引外人注意的一种方式而已。

虽然胡雪岩卖猫的做法不足为道，但他在促成生意的方式上确实有值得借鉴之处。他最关键的计谋就在于，故意释放一种让潜在顾客想知道但却不知道的信息。当邻居们听到猫叫，但却看不到猫。先是让外界猜测猫，加上一次猫的“犹抱琵琶半遮面”，无形中将早期的准备都完成了。当富绅得知红色猫的消息后，胡雪岩已经完成了猫的扬名广告，剩下的就是接下来的价格谈判。如此一来，主动权就落在胡雪岩手中。

还有一次，胡雪岩在南京积压了一大批丝绢，从当时的市场行情看，丝绢行情不被看好，即使全部出售，也挣不了多少钱。胡雪岩灵机一动，找到金陵一些官僚和有名望的富绅，要为他们每个人量身定做一件丝绢上衣。当这些人穿着丝绢上衣之后，其他官员和读书人也争相效仿，不仅让丝绢上衣迅速时髦，还促使其价格大幅上扬。看到时机已到的胡雪岩，让人将积压在仓库里的丝绢全部出售，从而获得不菲收益。

胡雪岩的策略因为调动了大多数人共通而永恒的天性，成功地将“广而告之”效应释放给更多人，在吸引别人关注的同时，自己也获得了高额的回报。这不得不说是他将财富“绝学”运用自如的一个表现。

第四节　立志在我，成事在人

成功商人应该具备哪些特质呢？这应该从立志谈起。在胡雪岩看来，商人为何要立志？因为自身要追求成功，生意场上要争面子，这是任何一个商人的本性。商人只有首先成为满怀志向的人，才能成就大事。

“立志在我，成事在人。”是胡雪岩所说的名言。这与“谋事在人，成事在天”有着本质上的区别。胡雪岩强调的是成功商人应该有“立志在我，成事在人”的自信，而不是具有宿命论色彩的“谋事在人，成事在天”。显然，胡雪岩具备非凡的自信。

胡雪岩开办阜康钱庄，正值太平天国运动爆发之时，国家也因为战乱而产生诸多矛盾。并且太平军当时主要的活动区域，正是长江中下游地区的东南一带。当时中国的金融业主要集中在山西，而东南地区的金融业无论是经营范围还是影响力，都逊色于山西。

从胡雪岩自身的条件来看，他除了在钱庄做过一段时间的学徒之外，实际上一无所有。但他进入商界之后首先考虑的事情就是要开办自己的钱庄，即使自己身无分文，也要轰轰烈烈地将招牌打出去。那么胡雪岩凭借什么做到这一点呢？就是他的自信。他坚信自己凭借在钱庄当学徒的经验，凭自身独特的眼光，凭自身对于世事人情的了解，当然也靠在官场上结识的一些靠山，足以开办起一个与山西金融业平起平坐的钱庄，凭借这股自信，阜康钱庄正式开办。

再比如在胡雪岩生意出现重大转折的危机时刻，他仍然自信地认为自己不会轻易倒下。他曾豪迈地说道："我是一双空手起来的，到头来仍旧一双空手，不输啥！不仅不输，吃过、用过、阔过，都是赚头。只要我不死，我照样一双空手再翻过来。"这绝对是一种发自内心的自信。

成大事者必须拥有足够的自信。当然，并不是说拥有自信就一定能够取得成功。能否获得成功，是很多因素所决定的，比如说一个人是否具备成功所需要的能力和胆识，是否具备成功所需要的天时地利人和。但不容否认的是，是否相信自己能够成就大事业的自信，是最终能否成功的先决条件。

在胡雪岩看来，商场中但凡想取得成功、成就伟业的人，都拥有足够强的自信，所谓的"当今之世，舍我其谁"，"天生我材必有用"等名言都显示出成大事者的豪壮。

胡雪岩始终相信自信方能自强。拥有自信，才会有知难而进的决心和勇气，才会有临危不惧、波澜不惊的豪迈本色。归根结底，一个商人的自信心，实际上就是实现高远人生目标最强有力的支撑。我们可以假设，假如当初胡雪岩缺少那份自信，或许就根本看不到他能开钱庄，更看不到他日后取得的巨大成功，而名震天下的"红顶商人"也就无从谈起了。

第五节　强就是有所守

“强”说的是商人的心理素质，就是有所守。眼看着就要走出逆境，迎接新曙光，但心理却没能支撑住，被摧垮了，这就是不能有所守。反过来，无论眼前的局势如何飘忽不定，坚守自己的宗旨，事情才会往好的一面发展。而在这一点上，胡雪岩绝对能坚守自己的原则。在选人方面他有个非常重要的标准，就是看这个人是否有耐心，能否做到克制自己。有时甚至会刻意制造一些恶劣条件去考验选用的人。阿巧的弟弟就接受过这样的考验。胡雪岩为了考验他的胆量，让他独自一人去堂子找人。这关考验过后，又给他一笔银子，让他去送信，考验他能否拿着钱不乱花，是否存在欺骗。对于种种诱惑，各种危险、失败甚至于不测，应该做好磨炼自己的准备，并选择忍受、忍耐。

胡雪岩笼络庞二，借机垄断上海丝市，达到让外商屈服的目的。但外商绝非等闲之辈，很长一段时间都没有去收丝。表面上看是暂时不需要丝，可实际上却紧盯胡雪岩，迫使他降价。胡雪岩对于辛辛苦苦做成的局面当然不会轻易放弃。

能够给胡雪岩提供帮助的只有庞二一人。不过，与胡雪岩没有任何交集的庞二不一定出面帮助。下定决心的胡雪岩意识到，自己与其向洋人低头，还不如向庞二低头，于是他派刘三才与庞二交涉。

胡雪岩也知道庞二能否帮助自己存在很大的不确定性，接下来的日子也显得难熬。假如庞二不出面帮助自己，自己钱庄的经营可能会受到一定的影响，甚至有关门的危险。这种时候，也是守的时候。即使胡雪岩心急如焚，但还要假装若无其事，耐心地等待刘三才带来的消息。

没有确切消息前，一切都是未知数。对于商人而言，只有被自己牢牢把控的才是最真实的。当然，胡雪岩能想的办法都想过了，只能耐心地等待刘三才带来的消息。

其实商业上类似的等待不止一个。对全局起决定性的却只有那么几个而已。等不着便满盘皆输，等着了则皆大欢喜。很多时候，结果往往并不是最重要的，因为事前都经过深思熟虑，全力押注，大多数还是有道理有依据的，只不过，事情最终还没成定局，随时都可能出现变动。因此，就要耐心且心平气和地等待。胡雪岩接受的就是这种来自心理上的考验与折磨。

经过耐心等待，胡雪岩挺过来了，庞二答应与胡雪岩联手。虽然此前心理方面的等待令他苦不堪言，但收获却是实实在在的。一方面在生丝生意上获得了厚利，另一方面有效抵制了洋人，显示出合作联手的力量。

胡雪岩表现出这种强的品质，面对绝境不灰心、不死心，而这一点也是其他很多商人都难以具备的品质。强调这一点，是因为如果缺少这样的品质，以前付出的努力和辛劳都将是徒劳的。

众所周知，胡雪岩抵制洋人，积压了过多的生丝，致使资金周转出现问题。他不愿意看到机器运转，断了蚕农的生路。他的钱庄受到挤兑时，胡雪岩正在去往杭州的路上。还没下船就有人向他报信。胡雪岩的处理方法特别冷静，钱庄继续经营。一方面他向官府说明苦衷，另一方面积极寻找销路。位于杭州的胡庆馀堂以及各地的典当行都继续经营着。胡雪岩的目的很简单，只有多一分盈利，才能够多一分希望。他告诉钱庄和典当行的雇员，要大家同舟共济。遇到风浪，千万不能自己人乱了手脚，大家一定要稳下来。这是胡雪岩的一种守，是大难临头时的临危不惧。他表现出优秀的商人品性，最终成就了一番伟业，就好比左宗棠对他的评价：“商贾中奇男子也。”

第六节　将“心”发挥得淋漓尽致

胡雪岩能够在清末混乱的局势中红极一时，没有过人之处是难以成就伟业的。纵观他的一生，其成功之处首先应该归结为胡雪岩的“心”，他遵循着“修合虽无人见，存心自有天知。”

在胡雪岩看来，如果钱财总是掌握在富人手中，市面就难以流通，这样就会遭到穷人的妒忌。在贫富差距越来越悬殊的情况下，富人也难以过上安稳的日子。

商人并非天然就有义务对社会问题予以关注，假如他们能够把精力投向于社会，那么在精神层面上起码能说明他们具有“好行其德”的品性。而具体到现实层面，商人对社会的捐赠或财富渗漏可以收获到民心或起到稳固社会的作用。

胡雪岩在开办胡庆馀堂初期，并没想赚钱，之后因为药效明显、药材正宗才赚了钱。日常经营中的盈余除了转化为资本扩大店面规模之外，并没有用在平日里对社会贫民的免费施舍，以及在经历着各种灾荒、瘟疫时，胡庆馀堂向社会捐出的大量成药上。

胡庆馀堂的伙计对胡雪岩也有这样的评价：胡雪岩种善因必将会得到善果，即使面临一时的困难，也一定能化险为夷。所以，所有伙计们都以胡雪岩为荣，努力地维持着药店的日常运行。

商人发迹之后，大多好行其德。最明显的表现有：第一，救济贫民。据记载，陶朱公弃政从商“十九年之中三致千金，再分散与贫交疏昆弟。”西汉商人卜式曾捐款二十万，赈济徒民。司马迁颂扬他“此所谓富好行其德者也”（《史记·货殖列传》）。第二，致富后的商人大多能处理好与国家之间的关系。这一点尤其体现在抵抗外来侵略的斗争中，此时的商人会遵循国家利益至上的原则。《史记》中载：春秋时期秦师袭郑，军队走到滑国，郑国商人弦高“将市于周，遇之，以十二牛劳秦师。秦师惊而还，灭滑而去。”西汉年间，北方游牧民族匈奴不断骚扰国家，当时显赫一时的商人卜式自愿捐出家里一半的财产。当有人不解地问他为何这样做时，他非常淡然地说：“天子诛匈奴，愚以为贤者宜死节于边，有财者宜输委，如此匈奴可灭也。”

《倭寇考略》中记载：“商人文士有资者，捐金助饷以备倭，如陆鏻上海人，捐金十万助倭饷。”《祁门县志》中记载：商人徐正，“商于淮泗。时东南倭寇未靖，兵役往来，谁当充要，正捐金八百以佑述费”。

胡雪岩有了这一层面的考虑，在协助官府平靖天下以及社会赈灾等方面做出了突出的贡献。不否认其中有一些行为是出于商业上的考虑，但平心而论，胡雪岩用“心”为社会做出的贡献并不是每一个商人都能做到的。至于说此类善举是否属于商人应该做的，事实上，并不存在这样的应该，因此从社会本位的角度进行思考，商人可以不去理会这些事，这些事也完全与其没有任何牵连，完全可以避而远之。而胡雪岩并没有避而远之，而是充分释放出这种利人济世的天性，再加上他与众不同的悟性，使他的这种天性能惠及到更多的人，从而使自身在官商路上走得更加顺畅。